RÉGLEMENT

D'ADMINISTRATION

DE LA

GENDARMERIE ROYALE,

DU 2[illegible] NOVEMBRE 1823 (*ANNOTÉ.*)

P[illegible]X BROCHÉ : 5 *francs.*

Paris,

LÉAUTEY ET LECOINTE,

Libraires de la Gendarmerie de France,

RUE SAINT-GUILLAUME, 2, F. S.-G.

1839

RÉGLEMENT

D'ADMINISTRATION

DE LA GENDARMERIE ROYALE,

Du 21 Novembre 1823;

ANNOTÉ DES ORDONNANCES, DÉCISIONS, INSTRUCTIONS, NOTES MINISTÉRIELLES SURVENUES DEPUIS SON EMISSION.

TABLEAU ANALYTIQUE

DU RÈGLEMENT D'ADMINISTRATION DE LA GENDARMERIE.

Ire PARTIE.

Des prestations en deniers et en nature.

TITRE PRÉLIMINAIRE.

TITRE Ier. De la solde, des indemnités et abonnemens.

Chap. Ier. *De la solde.*

Section 1re. Division de la solde.

Section 2. Des droits à la solde de présence.

§ 1er. Positions en service ordinaire.
§ 2. Positions en service extraordinaire.

Section 3. Des droits à la solde d'absence.

§ 1er. Des permissions et congés limités.
§ 2. Des prolongations de congés.
§ 3. Militaires traités aux hôpitaux.
§ 4. Militaires mis en jugement ou en détention.
§ 5. Des militaires en captivité.

Section 4. De la cessation de l'activité.

Chap. 2. *Des accessoires de solde.*

Section 1re. Indemnités supplémentaires de solde pour les services extraordinaires.

§ 1er. Service hors de l'arrondissement de la compagnie.
§ 2. Découchers des sous-officiers et gendarmes.
§ 3. Missions spéciales hors de la résidence.
§ 4. Garde et police des dépôts et ateliers de condamnés.
§ 5. Détachemens extraordinaires dans l'intérieur.
§ 6. Service des forces publiques dans les camps et armées.

Section 2. Des indemnités de marche.

Section 3. Des indemnités diverses.

§ 1er Indemnités de logement et d'amenblement.
§ 2. Des frais de représentation.
§ 3. Indemnités de revues et de tournées d'officiers.
§ 4. Frais de bureau.
§ 5. Indemnités pour pertes aux armées.

Section 4. Des gratifications.

§ 1er. Premières mises d'habillement.
§ 2. De la gratification d'entrée en campagne.

Chap. 3. *Des abonnemens.*

Section 1re. D'entretien, d'habillement, de remonte et de secours.

Section 2. De fourrages.

Section 3. D'entretien de l'armement.

Chap. 4. *De la masse de compagnie.*

TITRE II. Des indemnités, primes et gratifications, diverses sur des fonds spéciaux.

TITRE III. Des prestations en nature.

Chap. Ier. *Des droits aux prestations, en général.*

Section 1re. Des subsistances et du chauffage.

§ 1er. Du pain.
§ 2. Des vivres et liquides.
§ 3. Des fourrages.
§ 4. Du chauffage.

Section 2. Du logement, de la literie et des effets de campement.

§ 1er. Du logement.
§ 2. De la literie et des effets de campement.

Section 3. Gîtes et geôlage.

IIe PARTIE.

De la comptabilité de la solde et de ses accessoires.

TITRE Ier. Des règles à suivre pour les paiemens.

Chap. Ier. *Des époques de paiement et du décompte des allocations.*

Chap. 2. *Du mode des paiemens.*

Section 1re. Des états de paiemens.

Section 2. Des pièces à l'appui des états de paiemens.

§ 1er. Des certificats de présence pour la solde, et des situations mensuelles d'effectif.
§ 2. Des pièces justificatives des droits aux indemnités et abonnemens.

Section 3. Des livrets de solde.

Section 4. Du paiement des états de solde et des rappels.

Chap. 3. *Des retenues sur la solde.*

TITRE II. Des réglemens de dépenses.

Chap. 1er. *Des contrôles annuels et des états de mutations.*

Section 1re. Des contrôles à tenir par les corps et compagnies.

Section 2. Des états de mutations et du double des contrôles annuels.

Chap. 2. *Des revues.*

Section 1re. Des revues sur le terrain et des feuilles de journées.

Section 2. Des revues de liquidation.

Chap. 3. *Des décomptes de libération.*

Chap. 4. *De la vérification des revues.*

Chap. 5. *Dispositions particulières.*

MINISTERE
DE LA GUERRE.

REGLEMENT

(ANNOTÉ)

SUR LA SOLDE, LA COMPTABILITÉ,

ET L'ADMINISTRATION INTÉRIEURE

DE LA GENDARMERIE ROYALE.

PREMIERE PARTIE.

DES PRESTATIONS EN DENIERS ET EN NATURE.

TITRE PRÉLIMINAIRE.

ART. Ier.

Les traitemens de la gendarmerie comprennent toutes les dépenses individuell. de subsistance, d'entretien et de remonte des officiers et de la troupe.

Les traitemens des militaires des divers corps de gendarmerie, de l'arme à cheval et de l'arme à pied, sont fixés par un tarif particulier annexé au présent réglement.

La solde, les indemnités et abonnemens de la gendarmerie dans l'intérieur, représentent toutes les dépenses de subsistance, d'habillement, de chauffage, de harnachement et de remonte, auxquelles les officiers, sous-officiers et gendarmes doivent pourvoir eux-mêmes, par suite de la constitution spéciale de l'arme.

La gendarmerie ne peut prétendre à des prestations gratuites en nature que dans les cas de service aux armées, ou dans des rassemblemens extraordinaires à l'intérieur.

Les règles d'allocation qui font exception aux principes généraux de l'administration des corps de l'armée sont déterminées ci-après.

TITRE Ier. — DE LA SOLDE, DES INDEMNITÉS ET ABONNEMENS.

CHAPITRE Ier. *De la Solde.*

SECTION Ire. — DIVISION DE LA SOLDE.

ART. 2.

Fixation unique de la solde de présence.

La solde de présence affectée à chacun des corps de la gendarmerie royale est d'une seule espèce et ne varie point, selon les diverses positions des officiers, sous-officiers et gendarmes, *en service habituel de résidence; en marche; en service extraordinaire dans l'intérieur; en service pour la police des camps et armées.*

ART. Ier.

Les militaires servant dans la gendarmerie, soit de Paris, soit des légions départementales, qui contractent un rengagement volontaire pour passer dans l'un des corps de l'armée de ligne, ont droit, pour la durée de ce rengagement, à la portion de haute paie acquittable à l'avance dans le grade qu'ils occuperont immédiatement après leur arrivée au nouveau corps (*Décision ministérielle du* 26 *nov.* 1823, *Journ. milit.*, II, p. 310.)

Des indemnités particulières sont accordées pour le temps du service extraordinaire, soit dans l'intérieur, soit aux armées.

Art. 3.

Les anciens supplémens de solde de présence du corps de la gendarmerie d'élite, de la compagnie de gendarmerie de la Seine et du chef de la première légion en résidence à Paris, font partie intégrante de leur sode, et composent un traitement spécial pour toutes les positions de service ordinaire. Les cas d'exception relatifs au service extraordinaire sont indiqués dans la section suivante.

Art. 4.

Différentes espèces de solde d'absence.

La solde d'absence comprend : 1° *La solde de congé ;* 2° *celle d'hôpital ;* 3° *celle de détention ;* 4° *celle de captivité.*

La solde de congé est de la moitié du traitement de chaque corps de l'arme, y compris, pour les sous-officiers et gendarmes, la masse individuelle de compagnie.

La solde d'hôpital, pour les officiers, a les mêmes fixations que la solde de présence, sauf la déduction, portée dans le tarif, des retenues ordinaires pour frais de traitement aux hôpitaux. Les sous-lieutenans de gendarmerie étant assimilés, pour la solde, aux lieutenans, supportent la même déduction que ces derniers.

Pour les sous-officiers et gendarmes, la solde d'hôpital est de la moitié du traitement comme celle de congé.

La solde de détention est du tiers du traitement intégral de chaque corps pour les officiers, sous-officiers et gendarmes mis en jugement ou condamnés à une détention temporaire.

La solde de captivité est, pour tous les grades, la même que celle de congé, et avec la distinction faite à l'art. 43.

SECTION II. — DES DROITS A LA SOLDE DE PRÉSENCE.

§ Ier. *Position en service ordinaire.*

Art. 5.

Entrée en fonctions avec des lettres de service.

L'activité commence lorsque les officiers, sous-officiers et gendarmes, après avoir reçu leurs lettres de service et commissions ministérielles pour les emplois qui leur sont conférés, en prennent possession aux chefs-lieux des corps et compagnies, ou se mettent en route pour se rendre à leurs destinations.

Les droits au traitement d'activité courent de ces époques, lesquelles sont constatées par les feuilles de route, ou par les lettres de service et commissions, soumises, à cet effet, au *visa* des sous-intendans chargés de la surveillance administrative des corps ou compagnies dont les militaires doivent faire partie.

Art. III.

La gendarmerie d'élite est supprimée par ordonnance du 11 août 1830. Toutes les dispositions qui, dans le cours de ce réglement se rattacheraient à ce corps, sont sans effet.

Art. V.

Voyez le tarif de solde de la guerre, approuvé par le Roi le 3 mars 1824, à la suite de ce réglement. A moins d'ordres spéciaux contraires, les militaires nouvellement nommés dans la gendarmerie doivent se rendre au chef-lieu des compagnies, et non aux résidences qui leur sont assignés, afin de recevoir du Conseil d'administration les objets d'habillement, d'équipement, de harnachement, des armes, des munitions, des livrets, etc., et de prendre possession des emplois qui leur sont conférés.

La prestation de serment des militaires de la gendarmerie sera constatée sur les commissions ou lettres de service même, par une mention signée du greffier, revêtue du sceau du Tribunal, et qui sera gratuite par application du principe de l'art. 12, titre 13 de la loi du 22 août 1791.

La prestation du serment devra avoir lieu dans le délai de deux mois à dater de l'incorporation, sous peine de suspension de solde ou d'allocation, du jour de l'expiration de ce délai (Note ministérielle du 27 nov. 1838, *Journ. milit.*, p. 340.)

ART. 6.

Sous-officiers et soldats congédiés de la ligne, admis provisoirement par les compagnies.

Néanmoins, les sous-officiers et soldats congédiés de la ligne, qui sont admis provisoirement par les compagnies de gendarmerie, en conformité de l'ordonnance du 29 octobre 1820 (art. 13), reçoivent, du jour de cette admission, la solde de l'arme à pied, y compris la portion affectée à la masse d'entretien. Dans la gendarmerie de la Seine, cette solde provisoire est la même que celle des départemens.

Il ne peut être fait d'autres allocations dans les revues, ni aucune avance, par les Conseils d'administration, avant la notification aux compagnies, des décisions ministérielles qui confirment ces militaires dans les emplois de gendarme. Si, d'après ces décisions, ils sont reçus dans l'arme à cheval, il ne leur est point fait de rappel de la différence de la solde de cette arme, ni des indemnités de fourrages pour le temps qui précède l'approbation ministérielle.

Toute admission provisoire donne lieu, dans le seul délai de dix jours, à l'envoi d'un mémoire de proposition au Ministre de la guerre, pour obtenir les commissions de service.

ART. 7.

Militaires admis provisoirement dans la gendarmerie d'élite.

La disposition pour l'allocation de la solde de l'arme à pied aux militaires admis provisoirement n'est point applicable au corps de la gendarmerie d'élite. La solde entière de gendarme d'élite est accordée du jour même du placement provisoire des hommes, qui n'ont droit aux distributions de fourrages qu'après leur admission définitive par le Ministre de la guerre.

ART. 8.

Militaires de la ligne envoyés dans les compagnies par les inspecteurs généraux d'armes.

Les militaires extraits des corps de la ligne, lors des inspections générales, pour servir dans la Gendarmerie, ne reçoivent des destinations définitives que du Ministre de la guerre : ils sont placés momentanément dans la compagnie de gendarmerie du département où le régiment est stationné; et, à compter du jour de leur départ, ils jouissent de la solde de l'arme à pied, comme il est expliqué dans l'art. 6.

Le montant de leur linge et chaussure, et le relevé de leurs services sont envoyés directement au Conseil d'administration des compagnies sur lesquelles ces hommes ont été dirigés par les corps de la ligne.

ART. 9.

Officiers, sous-officiers et gendarmes passant dans la gendarmerie d'élite ou de la Seine, ou changeant de département.

Les officiers, sous-officiers et gendarmes des légions, nommés à des emplois dans la gendarmerie d'élite ou de la Seine, ont droit au rappel de la solde respective de ces corps, à compter de l'époque de leur départ de leurs compagnies, pour se rendre à leurs nouvelles destinations.

Cette disposition est applicable aux militaires de l'arme appelés pour le recrutement de la gendarmerie royale de Paris.

Les officiers, sous-officiers et gendarmes qui changent de département sont payés à leur ancienne compagnie jusqu'au jour exclus de leur départ; et sont rappelés à leur nouvelle compagnie, de la solde échue depuis cette époque, s'ils n'ont mis aucun retard à rejoindre leurs postes.

Art. VI.

Les sous-officiers sortant des corps de la ligne, pour passer dans la gendarmerie départementale ou dans la garde municipale, n'ont droit qu'à l'indemnité de route du grade dont ils vont prendre possession. Les rations de pain ne leur sont pas dues (*Circulaire du* 15 *novembre* 1831, Journ. milit., p. 277; *note ministérielle du* 7 *mai* 1832, Journ. milit., p. 397).

Il doit être donné avis aux officiers de recrutement des militaires de la réserve qui entrent dans la gendarmerie. (*Circulaire du* 15 *nov.* 1834, Journ. milit., p. 225.)

Les mémoires de proposition doivent indiquer si les hommes sont mariés, veufs ou célibataires. (*Circulaire du* 4 *juillet* 1836.)

Il est rendu compte immédiatement et individuellement au ministre de la guerre de tous les mariages des officiers, sous-officiers et gendarmes, dès qu'ils ont eu lieu (*Circulaire du* 6 *juillet* 1836.)

Pour les conditions d'admission dans la gendarmerie, l'ordonn. du 16 *mars* 1838.

Les remplaçans ne peuvent être proposés par les inspecteurs généraux pour être admis dans la gendarmerie, à moins d'avoir acquis la qualité de rengagés (Instruction sur les revues du 21 juin 1829, art. 93, *Journ. milit.*, p. 234.)

Art. IX.

Ordonnance du Roi, du 20 décembre 1837, sur les frais de route, p. 47 et 49, *Journ. milit.*

Art. 62. Les feuilles de régularisation sont arrêtées en simple expédition avant l'expiration du second mois qui suit le trimestre auquel elles sont applicables, et remise au sous-intendant, avec les relevés sommaires et les mandats.

Art. 72. Dans les quinze derniers jours du second mois de chaque trimestre, les conseils remettront au sous-intendant un Etat récapitulatif, modèle n. 16, des paiements effectués pour avances pendant le trimestre précédent au titre du corps et portant indication des imputations qui ont été admises et de celles qui ont été refusées.

ART. 10.

Les militaires de la gendarmerie qui tombent malades en se rendant à leur destination ne peuvent conserver leurs droits à la solde d'activité qu'en justifiant de leur état de maladie par des certificats en règle d'officiers de santé et des chefs de l'arme des lieux où ils ont été traités.

ART. 11.

PROMOTIONS.

Militaires promus à de nouveaux grades.

Les officiers, sous-officiers et gendarmes qui obtiennent de l'avancement sont payés, s'ils ne changent point de compagnie, de la solde affectée à leur nouveau grade, à compter du jour de la notification de leur promotion. Les avis ministériels sont soumis par les Conseils d'administration, au visa des sous-intendans militaires.

Si les officiers, sous-officiers et gendarmes passent dans un autre département, ils ne jouissent du traitement et des indemnités du grade qu'ils ont obtenu que du jour de leur départ constaté par une feuille de route.

Les promotions des militaires de tout grade, en congé ou en mission, donnent droit à la solde du nouveau grade d'après les mêmes règles que pour l'armée.

Les maréchaux-des-logis promus aux emplois d'officier, et qui n'ont d'abord que le grade de sous-lieutenant, ont droit, par leur assimilation aux lieutenans dont ils remplissent les fonctions, à la solde et aux indemnités déterminées pour ce dernier grade.

ART. 12.

Militaires passant avec ou sans avancement aux colonies.

Les militaires qui passent, avec avancement ou sans avancement, aux colonies, pour y faire le service de la gendarmerie, reçoivent la solde et les indemnités, sur les fonds de la guerre, suivant les grades et l'arme dans lesquels ils doivent être employés, du jour de leur mise en route pour les ports, et jusqu'à celui exclu de leur embarquement.

Les avances de solde pour le temps de la traversée sont alloués d'après ces mêmes grades, et selon les règles déterminées pour les militaires de la ligne.

Les indemnités auxquelles la gendarmerie destinée pour les colonies a droit, pendant le temps du station en France, sont spécifiées aux articles 78 et 150.

ART. 13.

POSITIONS PARTICULIÈRES.

Militaires quittant le service des colonies.

Les militaires de la gendarmerie des colonies, qui sont renvoyés en France à la disposition du Ministre de la guerre, reçoivent, par les soins des compagnies de gendarmerie maritime, la solde de présence de leur grade, jusqu'à la notification de la décision ministérielle pour leur nouvelle destination, et les Conseils d'administration sont tenus, sous leur responsabilité, de provoquer ces décisions dans le seul délai de quinze jours.

Les militaires de l'arme, qui obtiennent aux colonies des congés limités pour séjourner en France, sont dirigés, immédiatement après leur débarquement, par les soins des Conseils d'administration des compagnies maritimes, sur les lieux où ils doivent passer le temps de leur congé : les Conseils donnent avis au Ministre du départ des hommes. A l'expiration des congés, les commandans de compagnie de gendarmerie, sous la surveillance desquels ces militaires sont restés, doivent leur

ART. XI.

Tout militaire obtenant un congé, de l'avancement, ou un changement de résidence, effectuant enfin un départ quelconque, ne peut se mettre en route sans se munir d'une feuille de route (*Circ. minist. du* 11 *nov.* 1825, Journ. milit., p. 201). Cette feuille de route portant son signalement (*Ordre ministériel du* 27 *juin* 1832, Journ. milit., p. 525;) présentant toujours l'itinéraire des officiers, sous officiers et soldats voyageant isolément (*Circ. minist. du* 22 *Juin* 1839, Journ. milit., p. 345,) doit être visée à l'arrivée et au retour par le sous-intendant militaire ou l'administrateur qui le remplace et remise ainsi légalisée au conseil d'administration pour être jointe à la feuille de journée pour appuyer la mutation (*Art.* 316, *n.* 14 *de ce règlement.*)

ART. XIII.

Cet art. 13 a été annulé et remplacé par l'article suivant (*Décision des Ministres de la guerre et de la marine du* 24 *juin* 1837):

« Tout militaire de la gendarmerie des colonies rentrant en France, à quelque « titre que ce soit, est renvoyé aussitôt après son débarquement, devant le com- « mandant de la gendarmerie du département dans lequel le port est situé.

« Les ordres de retour, les congés limités ou tout autres pièces constatant la posi- « tion militaire des individus, et, à défaut, un extrait du rôle d'équipage, sont trans- « mis simultanément à cet officier par l'autorité maritime.

« Les officiers, sous-officiers et gendarmes, qui, après leur débarquement, sont « remis définitivement à la disposition du Ministre de la guerre, reçoivent, par les « soins des compagnies départementales dans lesquelles ils restent provisoirement en « subsistance au chef-lieu, la solde de présence de leur grade, jusqu'à la notification faire rejoindre les ports où ils sont débarqués, et en prévenir à l'avance les compagnies maritimes chargées d'assurer le paiement de la solde, conformément à l'art. 12.

Les sous-officiers et gendarmes exclus du service, dans les colonies, ne perçoivent aucune solde, et les dépenses faites pour leur compte restent à la charge des Conseils d'administration qui auraient négligé de s'assurer, près des commissaires de marine ou officiers des ports, de la position de ces hommes, et des motifs de leur renvoi en France.

ART. 14.

Militaires remplissant des fonctions d'un grade supérieur au leur.

L'officier, sous-officier ou gendarme, désigné pour remplacer momentanément, dans ses fonctions, un militaire de la gendarmerie du grade supérieur au sien, n'a pas droit à la solde de ce grade, mais il lui est attribué les indemnités déterminées par l'art. 67.

ART. 15.

Suspension de la solde des hommes déplacés sans autorisation.

Les sous-officiers et gendarmes qui auraient été changés de résidence par les chefs de légion ou par les inspecteurs généraux, pour des motifs urgens de service, ne peuvent être payés de leur solde, dans leurs nouvelles résidences, s'il n'est justifié aux sous-intendans militaires, dans le seul délai d'un mois, que les ordres de déplacement ont reçu l'approbation du Ministre de la guerre.

ART. 16.

Sous-officier descendu à un grade inférieur.

Tout sous-officier descendu, pour une cause quelconque, à un grade inférieur, cesse d'avoir droit au traitement du grade qu'il occupait, à compter du lendemain du jour où la décision ministérielle qui le prive de son grade, lui est notifiée par le commandant de la compagnie.

Sont compris sous la dénomination de sous-officier les brigadiers de gendarmerie.

« de la décision ministérielle pour leur nouvelle destination, et les Conseils d'administration sont tenus, sous leur responsabilité, de provoquer ces décisions dans le « seul délai de quinze jours.

« Les militaires qui ont obtenu aux colonies des congés limités sont immédiatement dirigés sur les lieux où ils doivent séjourner, par les Conseils d'administration des mêmes compagnies qui en donnent avis au Ministre de la guerre et au « Ministre de la marine; à l'expiration de ces congés, les commandans de compagnie « de gendarmerie, sous la surveillance desquels ces militaires sont restés, doivent « leur faire rejoindre le port de Brest, et en prévenir d'avance le préfet maritime de « ce port.

« En cas de demandes de prolongation de congé ou de changement de destination, elles doivent être formées d'après les règles en vigueur pour la gendarmerie « départementale, et transmises au Ministre de la guerre qui, avant de statuer, se « concerte, s'il y a lieu, avec le Ministre de la marine, et, dans tous les cas, lui « donne avis de la décision.

« Les sous-officiers et gendarmes exclus du service dans les colonies, ne perçoivent aucune solde, et les dépenses faites pour leur compte restent à la charge des « Conseils d'administration qui auraient négligé de s'assurer, près des commissaires « de marine ou officiers des ports, de la position de ces hommes et des motifs de « leur renvoi en France. » (*Ordonn. du* 26 *janvier* 1825, Journ. milit., p. 27; *l'instruction réglementaire de la gendarmerie coloniale du* 28 *août* 1825, *au* Journ. milit., p. 56; *l'art.* 228 *de ce règlement, et l'ordonn. du* 17 *août* 1835, *au* Journ. milit., p. 69.)

Rentrée en solde des militaires de retour de captivité.

ART. 17.

Les officiers de retour de captivité reprennent la jouissance de leur solde de présence, à compter du jour de leur arrivée en France, s'ils rejoignent immédiatement leurs compagnies ou les forces publiques dont ils continueraient de faire partie.

Les sous-officiers et gendarmes dans cette position rentrent en solde de la même époque, lors même qu'ils ne sont pas en nombre suffisant pour former détachement, et ils sont dirigés aussitôt sur les compagnies et forces publiques auxquelles ils appartiennent.

§ II. *Positions en service extraordinaire.*

Durée des positions en service extraordinaire.

ART. 18.

La durée de la position de présence en service extraordinaire dans l'intérieur se compte pour les hommes qui ne quittent pas leur département, à dater du jour du départ de leur résidence, et jusqu'à celui inclus de leur retour, sauf la déduction des journées d'absence, à l'hôpital, ou pour toute autre cause.

ART. 19.

Les officiers, sous-officiers et gendarmes appelés en service hors de leur département, et munis de feuilles de route avec indemnité, sont considérés en service extraordinaire, du lendemain de leur arrivée aux postes où ils doivent être employés, et cessent d'être dans cette position du jour exclu de leur départ pour retourner dans les compagnies et brigades dont ils sont titulaires.

Traitement des détachemens de la gendarmerie de la Seine aux armées ou dans l'intérieur.

ART. 20.

Les détachemens de la gendarmerie de la Seine, qui sont envoyés aux armées ou sont dirigés sur des points de rassemblemens extraordinaires dans l'intérieur, n'ont pas droit à la continuation du traitement spécial de leur compagnie. Les officiers, sous-officiers et gendarmes composant ces détachemens, dès qu'ils cessent d'être administrés par la compagnie de la Seine, reçoivent la solde de présence de la gendarmerie des autres départemens.

La même disposition est applicable au chef de la première légion, s'il a une destination temporaire qui le fasse porter en solde, hors des départemens qui composent l'arrondissement de sa légion.

ART. 21.

Les militaires de la gendarmerie des départemens, qui sont momentanément employés dans la compagnie de la Seine, n'ont pas droit à la solde et aux indemnités de logement attribuées à cette compagnie. Il leur est accordé, pendant la durée de leur déplacement, l'indemnité de service extraordinaire, conformément à l'art. 58.

Militaires de la gendarmerie de Paris appelés aux armées.

ART. 22.

Lorsque les officiers, sous-officiers et gendarmes du corps de la gendarmerie royale de Paris sont appelés au service des armées, leur entretien cesse d'être à la charge de la ville de Paris, du jour de leur mise en route, et il leur est alloué de la même époque, sur les fonds du ministère de la guerre, la solde, les indemnités et

les prestations en nature comme elles sont déterminées par les tarifs pour la gendarmerie des légions, placée dans la même position de service aux armées. Ces militaires sont compris pour leur traitement dans les revues de comptabilité de la guerre jusqu'au lendemain du jour de leur rentrée dans le corps de la gendarmerie de Paris.

ART. 23.

Gendarmerie d'élite détachée hors des résidences royales.

La gendarmerie d'élite, dans toutes ces positions de service hors des résidences royales ou aux armées, conserve, à raison de la spécialité de ces fonctions, le traitement particulier qui lui est assigné dans le tarif et indépendamment des indemnités de service extraordinaire dans les cas indiqués aux art. 76 et 83.

ART. 24.

Les diverses positions de présence en service extraordinaire dans l'intérieur et aux armées, qui donnent droit à des indemnités supplémentaires de solde et à des prestations en nature, sont établies dans les art. 74, 75, 79, 80, 81, 82, 185, 186 et suivans.

SECTION III. — DES DROITS A LA SOLDE D'ABSENCE.

§ Ier. *Des permissions et congés limités.*

ART. 25.

Autorisation d'absence.

Les militaires de la gendarmerie ne peuvent, pour aucun motif qui leur soit personnel, s'absenter des arrondissemens où ils exercent leurs fonctions, qu'en vertu de permissions ou de congés dont la durée doit comprendre le temps de l'aller et du retour.

ART. 26.

Permissions de huit jours avec solde, accordées par les chefs de légion.

Les permissions de huit jours sont accordées par les chefs de légion, et elles n'entraînent point la privation de la solde entière, dont le paiement est continué, à moins que les militaires n'aient contrevu aux défenses de faire usage de ces permissions, sans l'autorisation du Ministre de la guerre, pour se rendre dans le département de Seine-et-Oise ou de la Seine.

Les permissions ne peuvent êtres prolongées, et si, par décision ministérielle, elles sont converties en congés limités, il n'est alloué que la solde de congé, à partir de la date même des permissions.

ART. 27.

Congés limités de convalesc. ou pour affaires personnelles, avec solde.

Il n'est point accordé de semestre aux militaires de la gendarmerie, les congés limités qu'ils obtiennent sont de deux espèces: les congés de convalescence et les congés pour affaires personnelles. Il donnent toujours droit à la solde congé, telle qu'elle est déterminée pour chaque corps par le tarif.

Le Ministre de la guerre accorde, sur des preuves authentiques de maladie, et pour les cas particuliers, des congés de convalescence avec solde entière.

ART. XXVII.

Les militaires en congé doivent être munis de feuille de route (*Circ. du* 11 *nov.* 1825, Journ. milit., p. 201.)

Les demandes de congé formées par les trésoriers doivent être communiquées au sous-intendant militaire avant d'être transmises au Ministre de la guerre (*Décis. minist. du* 23 *mai* 1826, Journ. milit., p. 188).

ART. 28.

Les congés doivent être délivrés par le Ministre de la guerre.

Aucun congé ne doit excéder le terme de trois mois, sauf l'exception indiquée par l'art. 34, et n'est valable s'il n'est délivré par le Ministre de la guerre, quel que soit le grade du militaire : les demandes en sont faites directement par les chefs de légion, suivant les règles particulières de l'arme.

ART. 29.

Renouvellement des congés, s'il n'en est pas fait usage dans le délai d'un mois.

Les officiers ou sous-officiers commandant de brigades, qui ne profiteraient pas immédiatement de leurs congés, sont tenus d'en solliciter le renouvellement, s'il s'est écoulé un mois depuis la date de l'expédition des congés : il n'est point accordé de rappel de solde à ceux qui ne se conformeraient pas à cette obligation.

ART. 30.

Officier obtenant un congé avant de se rendre à une nouvelle destination.

L'officier de l'armée, nommé à un emploi dans la gendarmerie, ne peut obtenir de congé avec solde d'absence avant sa réception dans la compagnie qui lui est assignée.

L'officier du corps qui, par suite d'un changement de résidence pour les intérêts du service, justifie du besoin d'un congé, avant de se rendre à son nouveau poste, conserve le droit au rappel de la solde de présence et aux indemnités de route, pour le temps employé à rejoindre sa destination, après les délais autorisés par son congé.

ART. 31.

Militaires rappelés à son poste avant l'expiration de son congé.

Si l'officier, sous-officier ou gendarme en congé, reçoit l'ordre de retourner à son poste avant l'expiration du temps d'absence qui lui a été accordé, il a droit au rappel de la solde d'activité, cumulativement avec l'indemnité de route, du jour de son départ pour rentrer à sa résidence. L'ordre de retour ne peut émaner que du Ministre de la guerre.

§ 2. *Des Prolongations de Congé.*

ART. 32.

Comment les prolongations doivent être demandées.

Les militaires qui ont à solliciter des prolongations de congés sont tenus de justifier du besoin réel de ces prolongations : les chefs d'escadron et capitaines, au colonel de gendarmerie le plus à proximité ; et les lieutenans, ainsi que les militaires des grades inférieurs, au commandant de la gendarmerie du département où ils se trouvent. Les demandes et certificats sont transmis par ces commandans, avec leur avis motivé, au Ministre de la guerre, qui prononce seul sur ces demandes.

ART. 33.

Prolongations des congés pour affaires personnelles.

Les prolongations de congés pour affaires personnelles font cesser le droit à la solde d'absence, du jour de l'expiration des premiers congés. En cas d'exception particulière, la jouissance de la solde ne peut s'étendre à plus de trois mois, en réunissant le temps du congé à celui de la prolongation.

ART. 34.

Prolongation des congés de convalescence.

Les demandes de prolongations pour cause de maladie doivent être appuyées des certificats de médecin et des rapports de l'officier commandant de la gendarmerie de l'arrondissement où les militaires sont en congé. Ce commandant devient respon-

Art. XXVIII.

Les généraux commandant les divisions et subdivisions ne sont point autorisés à délivrer des congés ou permissions aux militaires de la gendarmerie ; au ministre seul appartient ce droit (*Circul. du 20 juillet* 1832, Journ. mil., *p.* 36, et 18 juin 1834, Journ. milit., p. 259.)

sable du remboursement de la solde dont auraient continué de jouir les hommes, s'il avait négligé de se procurer des preuves positives de leur situation et de la nécessité des prolongations.

La durée d'un congé de convalescence, y compris les prolongations avec solde, ne peut excéder six mois. Passé ce terme, le Ministre, avant d'accorder un nouveau délai, se fait rendre un compte particulier de la situation physique du militaire, pour connaître s'il est apte à reprendre son service.

ART. 35.

Militaires rejoignant après les délais de leurs congés et prolongations.

Les militaires qui n'ont pas rejoint à l'expiration de leurs permissions de congés et prolongations sont privés du rappel de leur solde pour tout le temps de leur absence. S'ils avaient à justifier d'empêchemens légitimes à leur retour, dans les délais voulus, il en serait rendu compte au Ministre par les Intendans militaires et par les chefs de légion.

§ III. *Militaires traités aux hôpitaux.*

ART. 36.

Droits à la solde d'hôpital.

Les officiers, sous-officiers et gendarmes ont droit, pendant la durée de leur séjour dans les hôpitaux militaires ou aux eaux, à la solde d'hôpital d'après leur grade, et suivant le corps de gendarmerie auquel ils appartiennent. Pour le temps de la route, s'ils ne sortent point de leur département, ils touchent la solde de présence sans aucune autre allocation. Les indemnités de route, qui peuvent être accordées dans les autres cas, sont spécifiées à l'art. 92.

Les militaires de tout grade, autorisés à prendre les eaux, conservent leur solde de présence pour se faire traiter à leurs frais, si, à défaut de place, ils ne sont point reçus dans les établissemens militaires où ils sont envoyés.

Lorsque des officiers, sous-officiers ou gendarmes ont besoin d'aller prendre les eaux, dans des lieux où il n'existe point d'établissemens militaires, ils peuvent en recevoir l'autorisation du Ministre et jouir de leur solde de présence, en justifiant, par certificat des officiers de santé des hôpitaux, que la nature de leur maladie rend ndispensable l'usage de ces eaux.

Les officiers peuvent aussi, dans quelques cas graves de maladie, légalement constatés, être autorisés par le Ministre à se faire traiter dans des établissemens particuliers, en conservant pendant ce temps leur solde de présence.

ART. 37.

Militaires traités dans les hospices civils.

Les militaires faisant le service de résidence ont la faculté de se faire traiter dans les hospices civils, et les Conseils d'administration des compagnies sont autorisés à payer sur la solde de présence, dont l'allocation continue d'être faite aux hommes, le prix de la journée qui a été consenti entre eux et les administrateurs des hospices, sans que les Conseils puissent, en aucun cas, dépasser le taux fixé pour le traitement des militaires de la ligne reçus dans ces hospices.

ART. 38.

Militaires se rendant aux eaux ou aux hôpitaux.

Lorsque des officiers se rendent aux eaux ou aux hôpitaux, hors de leur département, ils ont, pour toutes les journées de marche, de l'aller et du retour, leur solde entière, dont ils sont rappelés à leur rentrée dans les résidences, ainsi que de

Art. XXXVII.

L'admission des militaires de la gendarmerie aux hospices, par suite de conventions avec les directeurs, n'occasione aucune mutation, et la solde de présence continue d'être allouée aux hommes malades comme s'ils étaient présents au corps (*Circulaire du* 15 *juin* 1834, *au* Journ. mil., p. 378.)

Art. XXXVIII.

Les chefs de légion font visiter, avant le 1er avril de chaque année, les militaires de tous grades des compagnies sous leurs ordres qui demandent à aller aux eaux. L'état nominatif de ces militaires, ainsi que les demandes et certificats exigés par

la solde d'hôpital due pour le temps de leur séjour dans ces établissemens.

Les sous-officiers et gendarmes, dans la même position, ont droit aux rappels de la solde de présence de leur grade, et de la solde d'hôpital, comme il est expliqué au paragraphe ci-dessus, et indépendamment de l'indemnité de 15 centimes par lieue qui leur est payée conformément à l'art. 91.

ART. 39.

Militaires aux hôpitaux pendant leurs congés et après l'expiration de ces congés.

Les officiers qui sont admis dans les hôpitaux, étant en congé, continuent d'avoir droit à la solde de congé, déduction faite des retenues ordinaires pour frais de traitement. Si la durée de leur maladie leur fait dépasser le terme des congés, ils sont tenus de justifier des causes de leur séjour forcé dans ces établissemens, par des certificats de médecins et par des attestations des officiers de la gendarmerie locale.

Les sous-officiers et gendarmes, dans les mêmes cas d'absence et de séjour aux hôpitaux, conservent également le droit à la solde de congé; mais sans déduction des frais de traitement : il ne leur est fait aucun rappel s'ils ne produisent point les certificats de médecins des hôpitaux, et les attestations des officiers de gendarmerie qui sont appelés à constater les motifs fondés de leur empêchement à rejoindre dans les délais fixés par leurs congés.

ART. 40.

Militaires traités hors des hôpitaux étant en congé.

Il ne peut être fait aucun rappel de solde de congé, à moins d'une décision spéciale du Ministre de la guerre, aux officiers, sous-officiers et gendarmes qui, ayant outre-passé le temps de leurs congés pour des causes de santé, se seraient fait soigner hors des hôpitaux militaires. Les motifs qui les ont empêchés d'entrer dans les hôpitaux doivent être justifiés par certificats des maires, indépendamment des preuves exigées par l'article précédent.

§ IV. *Militaires mis en jugement ou en détention.*

ART. 41.

Allocation du tiers du traitement aux militaires détenus, ou suspendus de leurs fonctions.

Les officiers, sous-officiers et gendarmes mis en jugement, reçoivent pendant la durée de leur détention, le tiers de la solde de présence de leur grade et de leur corps ou compagnie, sauf le rappel des deux autres tiers s'ils sont acquittés, et sans déduction des frais de prison.

En cas de condamnation à une détention temporaire qui ne donne point lieu à leur exclusion du corps, les militaires de la gendarmerie peuvent obtenir, sur des décisions spéciales du Ministre de la guerre, le tiers de la solde de présence. Cette portion de solde est passible, pour les sous-officiers et gendarmes, des retenues affectées à la masse de compagnie.

Les officiers, sous-officiers et gendarmes suspendus de leurs fonctions obtiennent également le tiers de la solde de leur grade jusqu'au lendemain du jour de la notification de la décision définitive prise à leur égard.

l'art. 974 du règlement sur les hôpitaux du 1er avril 1831, *Journ. mil.*, n° 24 *bis*, p. 194, sont transmis par le chef de légion à l'intendant militaire de la division qui, après examen, en fait directement l'envoi au ministre (bureau de la gendarmerie), avec ses observations particulières. Cet envoi doit avoir lieu avant le 15 avril.

Les certificats de visite et contre-visite, exigés par l'art. 479 du règlement du 1er avril précité, sont délivrés, en vertu des ordres du chef de légion, par les officiers de santé de l'hospice civil du lieu. Ces certificats doivent indiquer avec précision la nature des maladies ou des infirmités et l'espèce d'eau minérale jugée nécessaire, et être visés pour légalisation par le sous-intendant militaire avant d'être adressés par le conseil d'administration de la gendarmerie au chef-lieu de légion (*Note du ministre de la guerre du 4 mars* 1837, *au* Journ. mil.; p. 132.)

Art. XXXIX.

Dès qu'un militaire de la gendarmerie est malade, le commandant de la brigade appelle un médecin qui délivre un certificat constatant que le militaire est dans le cas d'entrer à l'hôpital militaire, ou civil (s'il n'existe pas d'hôpitaux militaires). Munis de cette pièce, les commandants de compagnie, de lieutenance ou de brigade dans leurs résidences respectives, signent un billet d'entrée à l'hôpital; le certificat y est joint.

Il arrive souvent que, par suite de conventions avec les directeurs des hospices civils, les conseils d'administration acquittent le paiement du prix des journées d'hôpital qui, dans aucun cas, ne peut excéder celui fixé pour les militaires de la ligne (*Circulaire du* 15 *juin* 1834, *au* Journ. mil., p. 378.)

Les allocations de l'abonnement pour la nourriture des chevaux des officiers, sous-officiers et gendarmes détenus sont autorisés ainsi qu'il est expliqué à l'article 153.

§ V. *Des Militaires en activité.*

ART. 42.

Traitemens accordés aux militaires échangés ou rentrés sur parole.

Les officiers, sous-officiers et gendarmes ont droit à la solde de captivité, d'après les mêmes règles que pour les militaires de l'armée.

L'officier échangé retourne immédiatement à la force publique de gendarmerie dont il faisait partie, ou à sa compagnie, si la force publique se trouvait dissoute par suite de la cessation des hostilités.

S'il était rentré sur parole, il jouirait dans ses foyers du traitement de réforme, comme les officiers de la ligne dans sa position.

ART. 43.

Solde de captivité de la gendarmerie d'élite et de la Seine.

Les militaires de la gendarmerie de la Seine détachés aux armées, qui sont dans le cas de toucher la solde de captivité, reçoivent cette solde d'après les fixations de la gendarmerie des départemens, et non sur la base du traitement spécial dont jouit la compagnie de la Seine dans ses résidences.

Il est fait exception à cette disposition pour la gendarmerie d'élite, qui a droit à son traitement dans toutes les positions.

ART. 44.

Avances de deux mois de solde de captivité.

Les avances de deux mois de solde de captivité sont dues aux sous-officiers et gendarmes au même titre que les officiers. Ces militaires sont dirigés, à leur retour des prisons de l'ennemi, sur les compagnies de l'intérieur auxquelles ils appartiennent, si les forces publiques où ils servaient se trouvent dissoutes.

ART. 45.

Secours aux familles des prisonniers de guerre.

Les familles des officiers, sous-officiers et gendarmes peuvent être autorisés par le Ministre de la guerre à recevoir la moitié du traitement de captivité, sauf imputation sur le rappel dû à ces militaires lors de leur rentrée en France.

SECTION IV. — DE LA CESSATION DE L'ACTIVITÉ.

ART. 46.

Époques de la cessation d'activité.

Les droits à la solde d'activité cessent :

1° Pour les officiers, du lendemain du jour où ils reçoivent la notification, soit de leur passage dans une autre arme, soit de leur mise en réforme ou en retraite, soit de l'acceptation de leur démission, soit enfin de la révocation légale de leur grade ;

2° Pour les sous-officiers et gendarmes, du lendemain du jour de la remise qui leur est faite de leur congés absolus et de réforme, ou des lettres de passe pour les compagnies sédentaires, et d'avis d'admission aux Invalides ou à la pension de retraite ; enfin, de la notification d'ordres ministériels pour la radiation pure et simple des contrôles ou la rentrée dans les corps de la ligne, après un délai suffisant pour établir le décompte des hommes au chef-lieu.

Art. XLVI.

Les congés absolus que l'on délivre doivent mentionner si le militaire congédié est marié, veuf ou célibataire (*Circulaire du 9 février* 1834, Journ. milit., p. 57.

Il est expressément défendu aux conseils d'administration de la gendarmerie, et à tous officiers de l'arme de délivrer des certificats de bonne conduite aux militaires congédiés : au Ministre seul ce droit est réservé (*Instructions sur les inspections générales du 24 juin* 1834, Journ. milit., p. 380, *et sur celles du 1er juin* 1836, Journ. mil., p. 425.)

Le temps pendant lequel le militaire attend à la compagnie son congé de réforme doit lui compter pour service.

ART. 47.

Admissions à la retraite ou aux invalides, et au traitement de réforme.

Les officiers qui sont admis à la pension, aux Invalides ou au traitement de réforme, ne peuvent être retenus aux compagnies jusqu'à l'arrivée de leurs successeurs et continuer d'y jouir de la solde d'activité, à moins d'une autorisation spéciale du Ministre de la guerre, et notamment pour les trésoriers et les officiers membres des Conseils d'administration, qui doivent rendre compte de leur gestion avant leur départ.

Cette disposition est applicable pour le cas de changement de destination. Les officiers sont remplacés provisoirement dans leurs postes, comme il est prescrit par l'art. 178 de l'ordonnance de service du 29 octobre 1820.

ART. 48.

Les sous-officiers et gendarmes désignés pour la retraite ou les Invalides sont maintenus en solde à leurs compagnies jusqu'au réglement définitif de leurs droits à ces récompenses, à moins qu'ils ne soient autorisés par le Ministre de la guerre, pour cause d'infirmités graves ou autres motifs valables, à rentrer immédiatement dans leurs foyers. Il peut leur être accordé, dans cette position, la solde de congé, si la jouissance de leur pension ne remonte point à l'époque de leur cessation d'activité.

Les officiers qui obtiennent, pour des causes fondées, leur rentrée immédiate dans leurs foyers, pendant le temps de la liquidation de leur pension, sont également susceptibles de jouir de la solde de congé, s'ils en font la demande au Ministre de la guerre.

ART. 49.

Les sous-officiers ou gendarmes qui sont en congé limités aux hôpitaux externes, lors de la notification des ordonnances et décisions pour leur admission aux Invalides ou à la pension, ne sont pas privés du rappel de leur solde, dont le paiement est fait jusqu'au jour inclus de leur radiation des contrôles des compagnies.

ART. 50.

Démissions et réformes.

Les officiers, sous-officiers et gendarmes qui demandent leur démission, n'ont droit à aucun rappel de solde, s'ils quittent leurs postes avant que l'acceptation des démissions leur soit notifiée.

Ceux qui obtiennent leur démission, étant en congé, et ne retournent pas à leurs compagnies pour faire la remise du service, n'ont également pas droit au rappel de la solde de congé.

Les sous-officiers et gendarmes ne peuvent être proposés pour la réforme, sans que les Conseils d'administration fassent connaître exactement au Ministre la situation financière de ces hommes, et quels sont les moyens d'assurer le remboursement de leurs dettes envers l'Etat ou les caisses des corps et compagnies.

La responsabilité est imposée aux Conseils pour ces dettes, comme il est prévu par les art. 140 et 165, indépendamment des poursuites exercées contre les débiteurs, conformément à l'art. 169.

Art. L.

La demande de démission des officiers, sous-officiers et gendarmes, doit être rédigée d'après le modèle suivant (*Instruction du ministre de la guerre des* 29 *juin* 1834, Journ. mil., p. 384, 30 *mai* 1838, Journ. mil., p. 683, *et* 21 *juin* 1838):

« Je soussigné.....offre ma démission du grade et de l'emploi qui m'ont été conférés « par le roi dans l'armée et dans la gendarmerie; déclare, en conséquence, renoncer « volontairement à tous les droits acquis par mes services, et demande à me retirer « dans mes foyers à....., arrondissement de....., département de.....

« A...., le.......... 18... »

(Il ne serait donné aucune suite à toute demande conçue en d'autres termes).

Les demandes de congés absolus et de proposition pour la réforme doivent être appuyées du relevé des punitions que l'homme aura subies depuis un an (*Circulaire du* 30 *septembre* 1835).

ART. 51.

Désertions.

Les sous-officiers et gendarmes qui abandonnent le service de l'arme sont compris sur les états de solde jusqu'au jour exclu de leur disparition; mais ils n'ont pas droit de réclamer ultérieurement la solde échue, qui rentre au crédit de la gendarmerie, d'après les ordres du Ministre de la guerre.

Ils obtiennent seulement la remise des fonds restés à la masse individuelle de compagnie, dans le cas prévu par l'article 168.

ART. 52.

Décès.

La solde et les masses dues aux militaires de tout grade, décédés à leurs compagnies, dans les hôpitaux ou en congé, sont acquises jusqu'au jour inclus de leur décès aux héritiers ou ayant-droit. Le paiement en est effectué par les Conseils d'administration, après le prélèvement des sommes qui resteraient dues aux caisses par les hommes décédés. Quand aux dettes privées que ces militaires auraient contractées, les Conseils d'administration ne peuvent en faire le remboursement que d'après l'autorisation du Ministre de la guerre, ou suivant les voies judiciaires.

ART. 53.

Emploi des masses non réclamées, appartenant à des absens ou décédés.

Les sommes provenant de la solde et des masses individuelles des hommes décédés ou disparus, qui ne seraient point réclamées dans le délai de trois années et après les avis préalables aux maires des lieux de naissance de ces hommes, sont acquises en propriété aux compagnies et sont versées aux fonds de secours, en accroissement de la portion destinée pour les indemnités et gratifications.

CHAPITRE II. — *Des accessoires de Solde.*

SECTION 1re. — DES INDEMNITÉS SUPPLÉMENTAIRES DE SOLDE POUR LES SERVICES EXTRAORDINAIRES.

ART. 54.

Nature de ces services.

Les services extraordinaires qui donnent droit à l'indemnité supplémentaire de solde, dite de déplacement, pour les officiers, sous-officiers et gendarmes, sont 1° *le service hors de l'arrondissement de la compagnie*; 2° *les découchers des sous-officiers et gendarmes*; 3° *les missions spéciales hors de la résidence*; 4° *la garde et la police des dépôts et ateliers de condamnés*; 5° *le service des détachemens extraordinaires dans l'intérieur*; 6° *le service des forces publiques dans les camps et armées.*

L'indemnité de service extraordinaire est aussi accordée à titre d'indemnité de frais de représentation pour les chefs de légion de gendarmerie, dans le cas prévu par l'article 105.

ART. 55.

Bases de l'indemnité.

L'indemnité est réglée uniformément pour tous les services extraordinaires par arme et par grade, et sans distinction des corps et compagnies. Elle est due pour toutes les journées effectives de ces services, et ne motive pas des rappels,

ART. LI.

Les militaires qui abandonnent le service de l'arme ne sont compris sur les états de solde que jusqu'au 1er exclus du mois dans lequel leur disparition aurait eu lieu. (*Décision minist. du 10 juillet* 1838, Journ. milit., p. 12.)

ART. LII.

Les sommes dues aux militaires de la gendarmerie décédés doivent être déposées dans les caisses des préposés des dépôts et consignations (*Circulaire du 24 oct.* 1833, Jour. mil., p. 248; mais ces mêmes sommes ne doivent y être déposées qu'autant qu'elles sont réclamées par des individus se présentant comme héritiers, sauf à ces derniers à justifier de leurs droits à la caisse des dépôts et consignations.

Les sommes dues aux militaires décédés qui n'ont pas été réclamées dans le délai de trois ans, continuent à être versées aux fonds de secours des compagnies, conformément à l'art. 53 de ce réglement (*Circulaire du* 15 *novembre* 1833, Journ. milit., p. 271, *et les art.* 167, 168 et 169 *de ce réglement*).

ART. LIII.

Circulaire du 29 août 1829, *Journ. milit.*, p. 91, et les notes ministérielles du 24 octobre 1833, *Journ. mil.*, p. 248, et du 15 novembre même année, *Journ. mil.*, p. 271, relatives au versement des fonds de masse dans les caisses des dépôts et consignations.

si les Conseils d'administration négligent d'en réclamer le paiement dans le délai de deux mois, pour les cas spécifiés à l'article 211.

La position de service aux armées donne lieu à l'augmentation de la quotité de l'indemnité, mais seulement en faveur des sous-officiers et gendarmes.

L'indemnité ne faisant pas partie du traitement fixe est exempte de la retenue des invalides.

ART. 56.

Réquisitions légales pour les services extraordinaires.

Les missions et déplacemens momentanés, donnant droit aux indemnités dans l'intérieur, peuvent, en conformité de l'ordonnance de service du 29 octobre 1820, avoir lieu par réquisitions ou ordres directs des autorités administratives et militaires qui en rendent compte aux Ministres de la guerre et de l'intérieur.

§ Ier. *Service hors de l'arrondissement de la Compagnie.*

ART. 57.

Offic. déplacés de leur départem. pour service accidentel.

L'indemnité pour service accidentel hors de l'arrondissement de la compagnie n'est acquise aux officiers qu'autant que leur absence du département dure deux jours au moins; et elle est allouée pour toutes les journées de déplacement, y compris le temps de l'aller et du retour, si la distance des lieux n'a pas nécessité la délivrance d'une feuille de route avec indemnité.

Les trésoriers ne peuvent être chargés momentanément de fonctions hors de leur compagnie, d'après les ordres du Ministre de la guerre.

ART. 58.

Sous-offic. et gend. en service momentané hors de leurs compagnies.

Les sous-officiers et gendarmes en service momentané hors de leurs compagnies ont droit à l'indemnité, de l'époque de la sortie de la résidence jusqu'au jour inclus de leur rentrée, sauf toutefois la déduction des journées de marche pour lesquelles ils auraient reçu l'indemnité ordinaire de route.

Le service journalier et de correspondance d'une compagnie à une autre, pour les brigades limitrophes des départemens, ne donne point droit à l'indemnité. Ce droit n'est acquis que lorsque les sous-officiers et gendarmes ont été forcés de séjourner dans l'arrondissement de la compagnie limitrophe au-delà du temps habituel pour le service ordinaire, et les motifs des retards doivent être justifiés par certificats des maires.

§ II. *Découchers des Sous-Officiers et Gendarmes.*

ART. 59.

Droits à l'indemnité pour les découchers.

Les sous-officiers et gendarmes obtiennent l'indemnité pour toutes les nuits qu'ils passent, en vertu d'ordres de service, hors de leurs résidences, dans l'arrondissement des brigades de la compagnie à laquelle ils appartiennent. Ils ont droit, en outre, au logement militaire pour eux et leurs chevaux.

ART. 60.

Cas de découchers déterminés par la distance des lieux.

Le cas de découchers est principalement déterminé par la distance des lieux. Les sous-officiers et gendarmes à cheval requis légalement reçoivent l'indemnité lorsqu'ils ont été éloignés de leurs résidences de 4 myriamètres (8 lieues moyennes)

Art. LIX.

Consulter la décision ministérielle du 17 février 1836, *Journ. milit.*, p. 35, pour constater le service extraordinaire de découchers, etc.

pendant l'été, et de 3 myriamètres (6 lieues moyennes) pendant l'hiver, du 15 octobre au 15 mars. Ces distances sont réduites à moitié pour les militaires de l'arme à pied.

ART. 61.

Cas particuliers de découchers.

Le cas de découchers peut-être aussi déterminé, sans égard à la distance parcourue, lorsque, par suite de la position topographique des lieux ou par la nature des circonstances, les gendarmes n'ont pu retourner le même jour à leur résidence. Les sous-intendans apprécient les causes particulières des découchers, donnant droit par exception à l'indemnité, et prononcent sur l'allocation à faire pour ces déplacemens, sans qu'il en soit référé au Ministre de la guerre.

Les mouvemens de brigades pour les revues annuelles des chefs de légion et des Inspecteurs généraux donnent droit à l'indemnité, si les hommes n'ont pas été retenus hors de leurs résidences au-delà de trois jours.

ART. 62.

Exclusion des droits à l'indemnité pour le service habituel.

L'indemnité n'est point accordée pour escorte des fonds publics, la translation des prisonniers, l'exécution des mandemens de justice, la recherche des malfaiteurs, la police des foires et marchés, la surveillance des routes pendant la nuit et pour d'autres fonctions qui sont également de l'essence du service habituel de la gendarmerie, à moins que les distances parcourues pour l'exécution de ces services n'aient été d'au moins 8 myriamètres pendant l'été et de 6 myriamètres pendant l'hiver.

Si des exceptions relatives aux distances exigées devenaient nécessaires en faveur de quelques brigades, par les motifs de la fréquence et de la rapidité des escortes, ou par les difficultés des autres opérations de l'arme, il en serait référé au Ministre de la guerre pour l'allocation de l'indemnité de service extraordinaire.

ART. 63.

Même exclusion pour le transport des dépêches.

L'emploi des gendarmes pour le transport des dépêches et correspondances des autorités locales et des officiers de l'arme, étant interdit par les réglemens, il est expressément défendu d'allouer l'indemnité pour des motifs de ce genre, sauf à soumettre, conformément à l'ordonnance du 29 octobre 1820, les causes d'urgence qui auraient nécessité des exceptions.

ART. 64.

Droits de la Gendarmerie maritime aux indemnités de découchers.

Les sous-officiers et gendarmes des compagnies des ports et arsenaux reçoivent les mêmes indemnités de découchers sur les fonds de la guerre, pour les déplacemens et services extraordinaires hors de leurs quartiers ou résidences.

§ III. *Missions spéciales hors de la résidence.*

ART. 65.

Militaires déplacés par suite des opérations du recrutement ou de la tenue des colléges électoraux.

La présence des militaires de la gendarmerie près les Conseils de recrutement ou de révision pour le maintien de l'ordre, lors de ces opérations, établit le droit à l'indemnité pour l'officier lorsqu'il est forcé de découcher, ou est en tournée extraordinaire pour ce service. Les sous-officiers et gendarmes obtiennent aussi

l'indemnité lorsque la prolongation des séances les a empêchés de rentrer le même jour dans leurs brigades, et qu'ils en fournissent la preuve par des certificats des présidens des Conseils.

L'indemnité n'est point due aux officiers qui font ce service en même temps que celui des tournées dans les lieutenances, pour lequel ils reçoivent une indemnité particulière.

Les déplacemens requis par suite de la tenue des colléges électoraux motivent également l'allocation des indemnités, lorsque la nécessité de découcher est attestée par les présidens des colléges.

Les déplacemens pour les actes d'instruction judiciaire donnent droit à l'indemnité, comme il est expliqué à l'article 176.

ART. 66.

Officiers commandant les dépôts de prisonniers de guerre étrangers.

Les officiers de gendarmerie, déplacés de leurs résidences pour commander les dépôts de prisonniers de guerre, ont droit à l'indemnité pour tout le temps qu'ils sont chargés de ce service.

Les sous-officiers et gendarmes employés au même service hors de leurs brigades obtiennent également l'indemnité de leur grade.

ART. 67.

Remplacemens provisoires des officiers et sous-officiers.

Les remplacemens provisoires, dans les cas d'absence ou de maladie, ou pendant les vacances d'emplois d'officiers et de sous-officiers, donnent droit à l'indemnité, s'il en résulte un déplacement, et lors même que le militaire détaché n'aurait à remplir que les fonctions de son grade. L'officier ou le sous-officier désigné pour remplir momentanément, hors de sa résidence, les fonctions du grade supérieur au sien, ne reçoit néanmoins l'indemnité que d'après son grade, et il n'est fait d'exception que pour l'indemnité de tournées et les frais de bureau des trésoriers.

Les remplacemens provisoires d'officiers, que les chefs de l'arme n'auraient pas prescrits d'une manière conforme à l'ordonnance du 29 octobre 1820 (article 178), ne peuvent motiver l'allocation de l'indemnité avant l'approbation du Ministre de la guerre.

Les officiers momentanément en service extraordinaire dans leurs arrondissemens respectifs ou en tournées ne sont point considérés comme absens de leurs postes; ils sont suppléés par les militaires de leur résidence pour le service journalier, et sans qu'il en résulte aucune allocation d'indemnité.

Le cas de déplacement donnant droit aux chefs de légion à l'indemnité de service extraordinaire, lorsqu'ils commandent des subdivisions militaires, est prévu à l'article 105.

ART. 68.

Forces supplétives de gendarmerie.

Il ne peut être établi, par les colonels, de forces supplétives permanentes dans les résidences que le Ministre de la guerre n'a point désignées pour en recevoir. Les forces supplétives doivent être composées d'hommes célibataires ou nouveaux admis, qui sont relevés tous les trois mois, sauf prolongation de ce temps, s'il convient, pour le service, d'attendre l'arrivée des militaires de la ligne désignés, pendant les inspections annuelles, pour entrer dans la gendarmerie : l'indemnité n'est point due aux forces supplétives dans ces positions.

Art. LXVII.

Cette indemnité n'a lieu que pendant trois mois seulement, lors même que l'absence se prolongerait au-delà de ce terme. L'indemnité ne sera pas payée si la rentrée à la résidence avait lieu avant l'expiration du délai de trois mois (*Circul. du* 15 *fév.* 1832, Journ. milit., p. 56.)

ART. 69.

Les sous-officiers et gendarmes pris, à défaut de célibataires et de nouveaux admis, pour renforcer momentanément les brigades des chefs-lieux de compagnies ou de quelques autres postes importans, ne peuvent être tenus éloignés indéfiniment de leurs résidences, et sont relevés tous les trois mois, à tour de rôle des brigades. Ils reçoivent l'indemnité pendant ce temps, sur une autorisation ministérielle.

Ceux des militaires qui demandent à continuer de faire partie des forces supplétives sont dispensés par les colonels de retourner immédiatement à leurs résidences, mais ils ne peuvent recevoir l'indemnité au-delà des trois premiers mois; et l'autorisation de séjour aux chefs-lieux cesse lors de l'arrivé de nouveaux gendarmes aux compagnies.

ART. 70.

Hommes détachés dans des postes provisoires.

Aucun sous-officier ou gendarme ne peut être envoyé en station sur des points où il n'est pas établi de brigades, ni recevoir l'indemnité que d'après l'autorisation spéciale du Ministre de la guerre. Cette disposition s'applique à toute formation de postes intermédiaires pendant quelques mois de l'année. Les nouveaux admis ne sont pas, autant que possible, appelés à ce service.

§ IV. *Garde et police des dépôts et ateliers de condamnés.*

ART. 71.

Indemnité de station due aux détachemens près des dépôts.

Les officiers, sous-officiers et gendarmes, employés à la garde et à la surveillance des dépôts et ateliers de condamnés aux travaux publics ou au boulet, jouissent de l'indemnité de déplacement pour tout le temps qu'ils sont détachés, soit que ces dépôts se trouvent situés dans l'arrondissement de la compagnie, soit qu'ils existent hors de leur département.

Les détachemens doivent être relevés par moitié, de six mois en six mois, et les allocations d'indemnité ne peuvent être continuées au-delà d'une année aux mêmes militaires, à moins d'une autorisation ministérielle. Ces dispositions ne concernent pas les officiers et les maréchaux-des-logis, qui remplissent les fonctions de commandans près les dépôts et ateliers, et dont le changement ne peut avoir lieu que sur les décisions particulières du Ministre de la guerre.

ART. 72.

Indemnité de marche aux gendarmes des dépôts.

Les militaires composant les détachemens ont droit, pour l'aller et le retour, s'ils ne sortent point de leur département, à l'indemnité de déplacement de la gendarmerie, lorsque les dépôts sont à la distance de deux journées de marche, au moins, de leurs résidences.

Ceux qui se rendent dans les dépôts, hors de l'arrondissement de leur compagnie, reçoivent des feuilles de route avec indemnité, s'ils sont éloignés de ces dépôts de plus de trois journées de marche. Pour les distances moindres, l'indemnité de la gendarmerie leur est accordée.

ART. 73.

Droits aux fournisseurs de pain et d'effets de campement.

Les sous-officiers et gendarmes détachés ont droit, pendant leur séjour dans les dépôts, aux rations journalières de pain, aux distributions extraordinaires de liquides, et aux fournitures de campement, comme il est expliqué au titre des prestations en nature.

§ V. *Détachemens extraordinaires dans l'intérieur.*

ART. 74.

Formation des détachemens extraordinaires.

Les détachemens extraordinaires de gendarmerie dans l'intérieur sont formés, soit pour la surveillance particulière des frontières, soit pour la police des camps et cantonnemens, en temps de paix, d'après les ordres du Ministre de la guerre.

Ils peuvent être aussi formés conformément aux articles 73, 74, 75, 76 et 84 de l'ordonnance du 29 octobre 1820, par suite de réquisitions et d'ordres supérieurs des autorités administratives et militaires, dans les cas d'émeutes populaires ou attroupemens séditieux, et pour la poursuite de brigands organisés en bandes.

ART. 75.

Durée des droits à l'indemnité.

L'indemnité de déplacement est due aux détachemens extraordinaires, s'ils sont en station permanente, à compter du lendemain du jour de l'arrivé des militaires, sur les points où ils doivent être employés en service extraordinaire, jusqu'au jour exclu de leur mise en route, pour rentrer à leurs compagnies.

Pour les brigades réunies et les détachemens formés par suite de causes momentanées, le Ministre de la guerre règle l'époque et la durée de l'allocation de l'indemnité.

ART. 76.

La gendarmerie d'élite en détachemens extraordinaires peut obtenir l'indemnité.

La gendarmerie d'élite n'a droit à l'indemnité que lorsqu'elle est réunie en détachemens hors de l'arrondissement des résidences royales; et l'allocation ne peut en être faite que d'après des décisions spéciales du Ministre de la guerre.

ART. 77.

L'indemnité n'est pas due aux voltigeurs corses.

L'indemnité de déplacement n'est point due au bataillon des voltigeurs corses dans aucune de ses positions de service en Corse.

ART. 78.

La gendarmerie destinée pour les colonies reçoit l'indemnité jusqu'au jour de l'embarquement.

L'indemnité de déplacement est due aux officiers, sous-officiers et gendarmes destinés pour les colonies, pour le temps de leur séjour forcé dans les ports où ils attendent leur embarquement, à compter du jour de leur mise en route après leur nomination et jusqu'au jour exclu de leur embarquement.

§ VI. *Service des forces publiques dans les camps et armées.*

ART. 79.

Gendarmerie organisée en forces publiques pour les armées.

Les détachemens de gendarmerie employés au service de police des camps et armées prennent la dénomination de *force publique du camp....ou de l'armée de....*

ART. 80.

Forces publiques en service dans l'intérieur.

Les officiers, sous-officiers et gendarmes, appelés à composer les forces publiques qui ne sont pas sur le pied de guerre, ont droit, pour chaque journée de présence, à l'indemnité de déplacement *de l'intérieur*, du lendemain de leur arrivée sur les points où ils reçoivent, d'après les ordres du Ministre de la guerre, leur organisation définitive. Cette indemnité cesse de leur être payée du jour de la disso-

lution des forces publiques ou de l'époque où ils sont autorisés à retourner dans leurs brigades.

ART. 81.

Forces publiques sur le pied de guerre.

Les forces publiques organisées en temps de guerre, et qui sont entrées dans les arrondissemens des camps et armées, ont droit à l'indemnité de déplacement *des armées*, à compter du jour où les troupes sont mises sur pied de guerre. Les sous-officiers et gendarmes qui rejoignent les forces publiques reçoivent cette indemnité du jour où ils passent la frontière, si l'armée ou le rassemblement se trouve hors du royaume; et, dans le cas contraire, à compter du lendemain du jour où ils sont arrivés au lieu de destination indiqué dans les feuilles de route.

Les officiers, sous-officiers et gendarmes rentrant en France, d'après une autorisation légale ou par suite de la dissolution des forces publiques, n'ont plus droit à l'indemnité, du jour inclus de leur arrivée à la frontière, s'ils reçoivent l'ordre de quitter l'armée et qu'elle se trouve placée dans l'intérieur du royaume, l'indemnité cesse de leur être allouée à compter du jour de leur départ.

La gendarmerie qui fait partie de la garnison d'une place mise en état de siège a droit à la même indemnité, pendant toute la durée de l'état de siège, et comme il est statué pour les troupes de l'armée dans cette position.

ART. 82.

Service de la prévôté des armées.

Le service de police judiciaire, rempli par les officiers de gendarmerie nommés grands-prévôts et prévôts des forces publiques, et l'exercice des fonctions de greffiers de ces prévôts, ne changent points les droits aux indemnités de déplacement, quoiqu'il soit alloué à ces militaires des indemnités mensuelles pour frais de greffe, comme il est réglé aux art. 120 et 121.

ART. 83.

La gendarmerie d'élite aux armées a droit à l'indemnité.

La gendarmerie d'élite employée aux armée a droit à l'indemnité de service extraordinaire d'après les mêmes bases que les autres corps de gendarmerie.

ART. 84.

Prestations en nature aux forces publiques.

Les officiers sous-officiers et gendarmes des forces publiques de l'intérieur et des armées participent aux prestations en nature accordées aux troupes de ligne; indépendamment de la jouissance des indemnités spécifiées dans le présent paragraphe.

SECTION II. — DES INDEMNITÉS DE MARCHE.

ART. 85.

Droits à l'indemnité ordinaire de route.

Les officiers, sous-officiers et gendarmes qui rejoignent les corps et compagnies de l'arme, qui changent de résidences où reçoivent des destinations de service, notamment pour les dépôts et ateliers de condamnés, et pour les forces publiques et rassemblemens extraordinaires dans l'intérieur, obtiennent, dans tous ces cas de marche hors du département, des feuilles de route, avec indemnité pour toutes les journées d'étape, cumulativement avec la solde d'activité de leur arme, et suivant leurs grades.

L'indemnité de route est payée à compter du jour du départ de la brigade, et les militaires, dans les résidences desquels il n'y a pas de sous-intendant, prennent un sauf-conduit du maire jusqu'au chef-lieu, conformément à l'ordonnance sur les services des convois et des transports de la guerre.

Il n'est pas accordé d'indemnités de route à la gendarmerie d'élite pour ses voyages dans les résidences royales.

Tous les militaires des corps et compagnies de gendarmerie qui vont aux armées, ou qui en reviennent isolément ou en détachemens, reçoivent l'indemnité de route.

ART. 86.

Droits aux avances en route, sauf imputation.

Les militaires isolés peuvent obtenir des avances à titre de secours alimentaires, sur le taux de l'indemnité de route ou de séjour de leur grade, dans les positions où ils n'ont pas droit à cette indemnité au compte de l'Etat.

Les sous-officiers et gendarmes reçoivent aussi des avances de petit équipement, s'ils sont dans la nécessité d'en réclamer pendant leur route.

Ces diverses avances sont imputables sur la solde ou la masse des militaires.

ART. 87.

Frais de poste ou indemnités spéciales pour les missions extraordinaires.

Pour les missions extraordinaires ou les courses urgentes, il est accordé des frais de poste, sur les décisions du Ministre de la guerre, ou des indemnités spéciales déterminées au titre III, pour le remboursement des frais de voyage.

ART. 88.

Mouvemens de la gendarmerie maritime dans ses arrondissemens.

Les militaires appartenant aux compagnies de gendarmerie maritime, dont les arrondissemens s'étendent dans plusieurs départemens, reçoivent des feuilles de route avec indemnité pour les mouvemens de service qui les obligent de sortir du département où ils ont leurs résidences.

ART. 89.

Mouvemens et mutations dans le département.

Dans les compagnies des départemens et dans celles des ports et arsenaux, lorsque les mouvemens et mutations s'exécutent pour des causes de service dans la circonscription du département, l'indemnité de déplacement de la gendarmerie est due si les distances à parcourir exigent au moins deux journées de marche. L'indemnité est payée pour chaque jour de route.

Déplacemens par mesure de discipline ou pour convenances personnelles.

Les sous-officiers et gendarmes qui, sans quitter le département, subissent des changemens de résidence par mesure de discipline, ou les obtiennent pour leurs convenances personnelles, ne sont point indemnisés de leurs frais de route. Les propositions des chefs de légion ou des inspecteurs-généraux doivent contenir tous les éclaircissemens propres à fixer l'opinion du Ministre sur le but de ces déplacemens.

ART. 90.

Indemnité de route individuelle, quelle que soit la force des détachemens.

La gendarmerie n'a point de solde de route; les militaires de l'arme qui sont réunis pour se rendre à une même destination de servive jouissent individuellement de l'indemnité de route de leur grade, quelle que soit la force du détachement mis en marche, et ils ont droit également aux indemnités de séjour. Le pain d'étape ne leur est point dû.

ART. 91.

Militaires allant aux eaux ou aux hôpitaux hors du département.

Les sous-officiers et gendarmes allant aux eaux ou aux hôpitaux, et qui en reviennent, ont droit, lorsque ces établissemens sont hors de leur département, à l'indemnité ordinaire de route, et sont en outre rappelés de leur solde de présence à leur retour aux compagnies.

ART. XC.

Les officiers mis en non activité pour infirmités temporaires en vertu de l'art. 5 de la loi du 19 mai 1834, ont droit à la double indemnité de route pour se rendre dans leurs foyers (*Décision ministérielle du 24 janvier* 1835, Journ. mil., p. 23).

ART. XCI.

Voyez la note à la suite de l'art. 36 de ce réglement.

Cette indemnité n'est point accordée aux officiers pour le temps de leur marche aux eaux ou aux hôpitaux, mais ils jouissent de la faculté de se faire traiter dans des établissemens particuliers, à proximité de leurs résidences, comme il est statué dans l'art. 30.

Les officiers, sous-officiers et gendarmes obtiennent les moyens de transport pour leur voyage aux eaux et aux hôpitaux, dans les positions prévues par le réglement sur le service des transports.

Les officiers infirmes, dont les chevaux reçoivent les fourrages dans les compagnies, n'ont pas droit, pendant leur marche, à l'indemnité représentative du cheval de selle. Elle n'est due, indépendamment des fourrages fournis à leurs chevaux, qu'à des officiers blessés, et de retour des armées, qui ne peuvent voyager à cheval.

ART. 92.

Indemnité de traversée aux gendarmes allant en Corse ou qui en reviennent.

Les militaires envoyés dans les brigades de gendarmerie de la Corse ou dans le bataillon de voltigeurs corses, et les hommes de ces corps qui retournent dans les légions du continent, reçoivent une indemnité de 90 centimes par jour pour le temps de leur traversée. Cette indemnité est destinée à acquitter leurs frais de nourriture et de passage, et tient lieu de toute autre allocation de route pendant ce temps. Elle n'exclut pas le droit au rappel de la solde de présence.

ART. 93.

Les convois ne sont pas accordés aux compagnies de gendarmerie dans l'étendue de leur département; mais les détachemens composés de vingt-cinq hommes au moins, y ont droit lorsqu'ils sont obligés pour le service militaire, de s'éloigner de plus d'une journée de marche de leur département, et, dans ce cas, les convois leur sont dus depuis le lieu de leur premier départ jusqu'à celui de leur destination.

Toutes les autres dispositions des réglemens, sur les indemnités de route et sur les transports, sont applicables à la gendarmerie, lorsque les tableaux d'exclusions ne font point mention de cette arme.

SECTION III. — DES INDEMNITÉS DIVERSES.

§ Ier. *Indemnité de logement et d'ameublement.*

ART. 94.

Gendarmerie des légions, casernée par les départemens. Cas d'allocation de l'indemnité pour les officiers.

Le casernement des militaires des légions de gendarmerie est à la charge des départemens. Néanmoins, les officiers qui n'ont pu recevoir, par les soins des préfets, le logement en nature, à défaut absolu de bâtimens publics ou de locaux disponibles dans les casernes affectées aux brigades, obtiennent, sur les fonds de la gendarmerie, les indemnités représentatives de logement attribuées à leurs grades par le tarif.

La composition du logement des officiers et des brigades est réglée au titre des prestations en nature.

Art. XCIII.

Ordonnance portant réglement sur les indemnités de route du 24 septembre 1823, *Journ. milit.*, p. 153.

Les préposés aux convois militaires encourent une amende de 25 francs pour rachats de bons de fournitures; laquelle est prononcée par le sous-intendant militaire au profit du gendarme rapporteur du procès-verbal. (*Art.* 143 *du réglement du* 31 *décembre* 1823, Journ. milit., p. 427, *Circ. minist. du* 4 *février* 1836, Journ. milit., p. 30, et ordonnance royale portant que les indemnités de route seront remplacées par une allocation fixe, par grade, par gîte d'étape etc., du 26 oct. 1825, *Journ. milit.*, p. 103.)

ART. 95.

Droits des officiers de la gendarmerie d'élite et du bataillon des voltigeurs corses aux indemnités de logement.

Les officiers de la gendarmerie d'élite et du bataillon de voltigeurs corses ont droit aux mêmes indemnités, lorsqu'ils n'ont pu être logés dans les bâtimens militaires fournis à la troupe par les ordres du Ministre de la guerre. L'indemnité pour les officiers de la gendarmerie d'élite et celle de Paris, et sans interruption pour le temps de leur présence momentanée près des détachemens envoyés dans les résidences royales.

ART. 96.

Epoques des allocations de l'indemnité de logement.

Les officiers passant à l'activité dans l'arme de la gendarmerie ne jouissent de l'indemnité de logement, s'ils ne sont pas logés par les départemens, qu'à compter de leur arrivée à leur poste.

Ceux qui changent de corps ou de compagnie de gendarmerie, ou qui sont admis à la retraite ou à la réforme, ne cessent d'avoir droit à cette indemnité qu'après l'expiration de la première ou de la deuxième quinzaine du mois dans lequel ils se sont mis en route. Si leur marche s'est prolongée au-delà de la quinzaine, ils ne rentrent en jouissance de l'indemnité qu'à compter du lendemain de l'arrivée à leur destination.

L'officier promu à un grade supérieur reçoit l'indemnité affectée à ce nouveau grade du jour où il en prend possession.

ART. 97.

Indemnité allouée sans interruption aux officiers absens.

L'indemnité de logement est payée aux officiers sans interruption pour le temps de leur absence légale, soit en congé, aux hôpitaux, aux eaux, soit en mission dans le département ou hors du département, et aussi pendant la durée des détentions temporaires.

Il n'est point fait distraction, dans ces cas d'absence, du supplément de logement dont jouissent les officiers du corps de la gendarmerie d'élite et de la compagnie du département de la Seine.

ART. 98.

Indemnité pour les trésoriers, basé sur celle des capitaines.

Les lieutenans trésoriers, dont les fonctions comportent des logemens plus étendus que ceux des lieutenans dirigeant le service des brigades, reçoivent l'indemnité du grade de capitaine ; mais l'indemnité ne leur est allouée qu'en justifiant l'impossibilité d'être logés dans les casernes.

Il ne peuvent prétendre aux supplémens accordés dans la ligne pour l'emplacement du bureau, sauf le cas de service dans les forces publiques, lorsqu'ils n'ont pas reçu le logement militaire, ainsi qui est statué par l'art 203.

Les capitaines trésoriers n'ont point d'allocation de logement supérieure à celle de leur grade.

ART. 99.

Indemnité d'ameublement.

Les officiers appartenant aux légions n'ont pas droit à la portion d'indemnité dite d'ameublement, lorsqu'il leur est fourni des logemens sans meubles dans les bâtimens civils ou militaires.

ART. 100.

L'indemnité d'ameublement peut être allouée aux officiers du corps d'élite et des voltigeurs corses, dans les cas prévus pour les officiers de l'armée.

ART. 101.

Indemnité de literie.

Il n'est point alloué, dans les légions, d'indemnité d'ameublement aux sous-officiers et gendarmes, qui doivent pourvoir, sur leur solde, à leur literie et aux autres effets mobiliers personnels dans les casernes; seulement, les nouveaux admis sortant de la ligne, dans les positions déterminées par les art. 124 et 125, ont droit, pendant deux années, sur les fonds des départemens, à une indemnité de literie par an et par homme, payable, par les préfets, aux Conseils d'administration de gendarmerie chargés d'assurer le coucher des gendarmes. Cette indemnité est réglée d'après les prix consentis, de gré à gré, avec l'entreprise générale des lits militaires.

ART. 102.

Les départemens acquittent la même indemnité pour la dépense d'établissement et d'entretien des lits nécessaires aux gendarmes détachés, par autorisation du Ministre de la guerre, comme force supplétive aux chefs-lieux de quelques compagnies, et dans les résidences où sont établis des postes provisoires.

ART. 103.

Effets de couchage militaires dus à la gendarmerie d'élite et au bataillon de voltigeurs corses.

Les sous-officiers et gendarmes du corps d'élite et les militaires du bataillon de voltigeurs corses ont droit à la fourniture des effets de couchage, aux frais de l'administration de la guerre, comme il est réglé au titre des prestations en nature, articles 205 et 206.

§ II. *Des Frais de représentation.*

ART. 104.

Indemnité de représentation au colonel de la gendarmerie d'élite. Elle n'est pas due aux chefs de légion.

L'indemnité pour frais de représentation, attribuée aux colonels des corps de cavalerie pendant le temps qu'ils exercent leur commandement, est due au colonel de la gendarmerie d'élite.

Les chefs de légion n'ont pas droit, dans l'exercice des fonctions dévolues au corps de la gendarmerie, à l'indemnité de représentation, quelle que soit l'importance de la résidence qui lui est assignée.

ART. 105.

Indemnité particulière aux chefs de légion commandant par intérim les départemens.

Si les chefs de légion sont appelés au commandement, par intérim, des subdivisions militaires, ils reçoivent, en remplacement de l'indemnité de représentation des colonels de la ligne, l'indemnité de service extraordinaire sur les fonds de la gendarmerie; mais il est précompté sur cette allocation les frais de bureau de 600 fr. par an, qui sont payés, sur les fonds généraux de la solde de l'armée, à tous les colonels appelés à commander les départemens.

Lorsque les chefs de légion exercent ces commandemens provisoires, sans éprouver de déplacement de leur résidence, ils n'ont droit qu'à la seule indemnité de frais de bureau, sur les mêmes fonds de la solde de l'armée.

S'ils font la revue de leur légion pendant la durée de ces commandemens, ils ne peuvent cumuler les indemnités pour ces deux services, et ils sont tenus d'opter.

ART. CI.

L'indemnité de literie due aux militaires nouveaux admis sortant de la ligne est payable par les préfets aux conseils d'administration; elle s'élève à 30 francs par homme et par an. Avec cette somme et les avances que font les conseils autorisés par le ministre, il est pourvu au couchage des gendarmes (*Circulaire du* 14 *août* 1828, Jour. mil., p. 73, *et les art.* 204 *et* 207 *de ce règlement*).

Les achats de fournitures de literie sont toujours faits au compte des hommes. Il ne doit jamais exister de fonds de magasins de literie. En cas de mutation d'un sous-officier ou gendarme dans un autre département, le décompte de cette indemnité est arrêté jusqu'au jour exclu de son départ. Le militaire qui part continue de recevoir dans le département où il arrive le restant de l'indemnité qui peut lui revenir.

ART. CV.

Cet article a été modifié ainsi qu'il suit :

Les colonels et lieutenans-colonels reçoivent l'indemnité de service extraordinaire de leur grade, d'après le tarif, sur les fonds de la gendarmerie, pour le temps pendant lequel ils sont appelés hors de leur résidence au commandement par intérim des subdivisions militaires. Il est précompté sur cette allocation les 600 *francs par an, qui continuent de leur être payés* pour les frais de bureau sur les fonds généraux de la solde de l'armée, conformément à la décision royale du 17 avril 1824.

Lorsque les chefs de légion exercent les commandemens provisoires sans éprouver de déplacemens de leur résidence, ils n'ont droit qu'à la seule indemnité de 600 fr. pour frais de bureau sur les mêmes fonds de la solde de l'armée (*Circulaire du* 31 *août* 1824, Journ. mil., p. 168.)

§ III. *Indemnités de Revues et de Tournées d'officiers.*

ART. 106.

Règles d'allocation de ces indemnités.

Les indemnités de revues et de tournées périodiques ne font pas partie du traitement annuel des officiers; elles ne leur sont acquises que lorsque les revues et tournées ont été réllement effectuées aux époques prescrites par les réglemens de service de la gendarmerie, ou par le Ministre de la guerre, dans les cas extraordinaires.

Le service des tournées ne donne pas lieu à des remplacemens provisoires, comme il est expliqué à l'article 67.

ART. 107.

Indemnité pour les revues de chefs de légion.

Les chefs de légion ont droit, pour leur revue annuelle, au mois d'avril, à une indemnité fixe par département parcouru, y compris celui de leur résidence mais sans que cette indemnité puisse s'accroître pour l'inspection de la gendarmerie maritime, qui est appelée, lors des revues, sur les mêmes points de réunion des brigades des départemens.

Le chef de la légion de gendarmerie en Corse reçoit une double indemnité pour la revue annuelle des deux compagnies de ce département.

Il n'est pas accordé d'indemnité de revues au colonel de la gendarmerie d'élite ni au commandant des voltigeurs corses.

ART. 108.

Indemnité pour la tournée administrative des colonels.

Les chefs de légion obtiennent, pour la tournée administrative aux chefs-lieux des compagnies des départemens et des ports et arsenaux, une indemnité fixée uniformément à deux cents francs, quel que soit le nombre de compagnies composant chaque légion. Le Ministre de la guerre détermine chaque année l'époque de cette tournée,

Les colonels de la gendarmerie d'élite et de la légion de gendarmerie de la Corse, et le commandant du bataillon de voltigeurs corses, qui n'éprouvent pas de déplacement pour les vérifications de comptabilité de leur corps, n'ont pas droit à cette indemnité.

Le concours pour le commandement subdivisionnaire s'établit entre le colonel, chef de légion de gendarmerie, résidant dans la division, et ayant dans sa juridiction le département vacant, et les colonels des corps de troupes de toutes armes, stationnés dans l'étendue de la subdivision. Le commandement est confié au plus ancien de ces officiers supérieurs (*Décision royale du 27 août* 1837, *Journ. milit.*, p. 185.)

Art. CVI.

Les articles, 125, 139, et 178 de l'ordonnance du 29 octobre 1820; circulaire du 12 mars 1823, *Journ. mil.*, p. 385. Cette circulaire prescrit les mêmes formalités exigées par l'art. 106 ci-contre. —Circul. du 11 juillet 1826, *Journ. mil.*, p. 58, relative à l'exécution de l'art. 178 de l'ordonnance du 29 octobre 1820, sur le mode de remplacement provisoire des officiers entre eux lors des tournées qu'ils doivent opérer. Les officiers appelés provisoirement aux fonctions du grade supérieur ne peuvent conserver les prérogatives du commandement et les attributions du grade dont ils sont titulaires. En conséquence, dans cette position, les chefs d'escadron ou capitaines ne peuvent conserver le commandement de leur compagnie, et les lieutenants celui de leur lieutenance, etc. Cette règle ne reçoit d'exception que pour les revues et tournées des chefs de légion, ces officiers supérieurs ne pouvant être suppléés dans cette occasion, que d'après l'autorisation du ministre de la guerre.

ART. 109.

Tournées des commandans de compagnies et des lieutenans.

Les chefs d'escadron et capitaines reçoivent, pour les deux tournées par an, en février et en septembre, dans les compagnies qu'ils commandent, une indemnité égale pour chaque grade.

Les lieutenans ou sous-lieutenans des légions ont, pour chacune des tournées qu'ils sont tenus de faire tous les deux mois, une indemnité fixe, sans distinction des arrondissemens de lieutenance. Ces tournées doivent se faire dans les mois de janvier, mars, mai, juillet, septembre et novembre.

Les capitaines commandant les escadrons de la gendarmerie d'élite ont droit aux mêmes indemnités pour la visite des détachemens du corps dans les résidences royales.

Les officiers du bataillon de voltigeurs corses n'ont pas droit à ces indemnités.

ART. 110.

Cas de non allocation de l'indemnité aux commandans de compagnies.

Les commandans de compagnie des départemens qui accompagneraient les inspecteurs-généraux sur quelques points de réunion de lieutenance ne peuvent prétendre aux indemnités pour ce déplacement.

ART. 111.

Officiers absens remplacés dans le service des tournées.

Les chefs de légion ne sont point suppléés pour leurs revues et tournées administratives par les chefs d'escadron, lors même que ces derniers dirigeraient le service d'une légion, à moins qu'ils n'y soient autorisés spécialement par le Ministre de la guerre.

Les lieutenans et les maréchaux-des-logis qui sont chargés par les chefs de légion de faire les tournées des officiers absens, du grade immédiatement supérieur au leur, ont droit à l'indemnité affectée à ce grade.

Les lieutenans qui suppléeront, pour le service des tournées, les commandans de compagnie, ne peuvent, s'ils effectuent en même temps les tournées de leur grade, obtenir une double indemnité.

ART. 112.

Les trésoriers ne font point de tournées.

L'indemnité de tournée ne peut être allouée aux trésoriers, qui ne sont appelés, en aucun cas, à suppléer les capitaines ou les lieutenans pour le service des tournées.

ART. 113.

Comment les tournées sont justifiées.

L'allocation des indemnités de revues et de tournées est faite sur la justification de feuilles itinéraires individuelles portant, pour les colonels, les *visa* de présence des préfets et sous-préfets, ou, à leur défaut, des maires des lieux de réunion des brigades, et, pour les commandans de compagnies et les lieutenans, les *visa* des maires ou adjoints des lieux où sont stationnées les brigades.

S'il résulte de la vérification de ces feuilles, la preuve que les revues et tournées n'ont pas été complètes dans les arrondissemens respectifs des officiers, les indemnités ne sont pas allouées, et il en est référé au Ministre de la guerre, à qui il doit être rendu compte, en même temps, des motifs qui ont empêché l'inspection de la totalité des brigades.

ART. CIX.

Les tournées des chefs d'escadron et capitaines doivent commencer, savoir : la première en février et finir en mars, la seconde doit avoir lieu et être terminée dans le mois de septembre (*Art.* 133, *ordonn. du* 29 *octobre* 1820, et circulaire du 17 février 1836, *Journ. mil.*, p. 35, qui décide queconformément aux règles tracées par l'art. 18 de l'ordonnance du 18 sept. 1832, les fonctionnaires de l'ordre civil suppléeront ceux de l'intendance, mais que ces derniers constateront la présence des hommes et des chevaux et l'exécution d'un service commandé, non seulement dans les places où ils résident, mais encore dans celles où leurs fonctions les appellent passagèrement, notamment pour l'exécution des art. 113, 232, 242, 236, 237, 239 du réglement.)

ART. CX.

Les commandans de lieutenance, commandant par intérim les compagnies, ont droit à une indemnité de 50 francs pour ce déplacement. Elle est payée sur la production d'un certificat de l'inspecteur général constatant que cet officier l'a assisté dans chaque lieutenance (*Circulaire du* 5 *octobre* 1827, *au* Journ. mil., p. 321).

ART. CXI.

Voir la note de l'art. 106 de ce réglement, p. 51.

ART. CXIII.

Partout où il existe un sous-intendant militaire, les feuilles itinéraires individuelles des officiers doivent être soumises au visa du sous-intendant militaire au lieu de l'être à celui des préfets, sous-préfets, maires ou adjoints, ainsi que les certificats de découchers et autres pièces (*Instruction du* 15 *juillet* 1835, Journ. mil., p. 8, qui a posé le principe de l'exercice du contrôle de l'intendance militaire, sur toutes les opérations relatives à l'administration intérieure des compagnies de gendarmerie, *et la Circulaire du* 17 *février* 1836, Journ. mil., p. 35.)

ART. 114.

Tournées des officiers des compagnies maritimes.

Les compagnies des ports et arsenaux qui ont des détachemens répartis dans plusieurs quartiers maritimes, à des distances considérables, sont dans un cas d'exception pour la disposition qui exige que la tournée dans l'arrondissement soit complète. Les officiers doivent visiter périodiquement les points désignés plus particulièrement par les administrateurs de la marine, et sans que leurs tournées soient circonscrites dans des arrondissemens moins étendus que ceux des compagnies des départemens.

§ IV. *Frais de bureau et indemnités extraordinaires.*

ART. 115.

Indemnité de 300f. aux trésoriers.

Les trésoriers de la gendarmerie ont droit, pour leurs frais de bureau, à une indemnité annuelle de trois cents francs, payable chaque mois avec la solde.

Le trésorier de la légion de la Corse, étant chargé des détails administratifs de deux compagnies, est aidé par un maréchal-des-logis qui reçoit la même indemnité chaque mois.

ART. 116.

L'indemnité continue d'être allouée pendant les vacances.

Les frais de bureau des trésoriers continuent d'être alloués aux compagnies pendant les vacances de l'emploi. Les sous-officiers qui remplissent momentanément ces fonctions jouissent de l'indemnité durant la vacance.

ART. 117.

Dépenses de bureau des Conseils d'administration.

Les dépenses administratives des compagnies sont acquittées sur le produit du cinquième du fonds de secours. Aucune fourniture de bureau, pour les commandans de compagnies et les trésoriers, ne peut être comprise dans ces dépenses qui ne sont applicables qu'aux Conseils d'administration.

ART. 118.

Frais extraordinaires de bureau de la compagnie de la Seine.

Il est accordé à la compagnie de la Seine une somme annuelle de 600 francs, par forme d'abonnement, pour les frais qu'exige la permanence du bureau de service du commandant, et pour le chauffage de ce bureau et du corps-de-garde de police. Cette somme est payée, sur revues, sur les fonds de déplacement de la gendarmerie.

ART. 119.

Frais d'établissement de bureau des forces publiques.

Les dépenses de premier établissement de bureau pour les forces publiques sont autorisées par des décisions spéciales du Ministre de la guerre.

ART. 120.

Indemnité pour les fonctions de grands-prévôts et prévôts aux armées.

Lorsqu'il est attaché aux forces publiques de l'armée, des prévôts et grands prévôts, il est accordé à ces officiers, durant l'exercice de leurs fonctions, des indemnités pour leurs tournées et frais de bureau, payables avec la solde, et fixées à 300 fr. par mois pour les grands-prévôts, et à 150 fr. par mois pour les prévôts.

ART. 121.

Indemnités aux greffiers des grands-prévôts et prévôts.

Les fonctions de greffiers sont remplies par des officiers et sous-officiers

ART. CXVII.

Circulaire du 26 janvier 1828, *Journ. mil.*, p. 16, 10 mars 1833, *Journ. mil.*, p. 150.

de gendarmerie qui reçoivent également des indemnités mensuelles, fixées à 100 fr. pour les lieutenans-greffiers des grands-prévôts, et 60 fr. pour les maréchaux-des-logis-greffiers des prévôts.

Les frais de greffe sont à la charge des grands-prévôts et prévôts.

ART. 122.

Il est alloué, sur les fonds de déplacement de l'arme, une indemnité annuelle de 1200 fr. à l'officier de santé désigné par le Ministre de la guerre, pour traiter à domicile les sous-officiers et gendarmes de toutes les brigades de la compagnie de la Seine, dont l'état de la maladie n'est pas assez grave pour nécessiter leur envoi dans les hôpitaux.

Cette allocation est comprise dans les revues trimestrielles de la gendarmerie de ce département.

§ V. *Indemnités pour pertes aux armées.*

ART. 123.

Elles sont dues aux offic. et à la troupe.

Les indemnités pour pertes de chevaux et d'effets aux armées, sont accordées aux officiers, sous-officiers et gendarmes composant les forces publiques ou escadrons de guerre, d'après les mêmes règles que celles établies pour les officiers des autres corps de l'armée.

L'indemnité pour un cheval d'officier est celle de l'arme des cuirassiers; et, pour la perte d'un cheval de sous-officier ou gendarme, l'indemnité est fixée à 350 fr., et peut s'élever au maximun de 450 fr. lorsque la valeur des chevaux perdus dépasse le taux ordinaire des remontes de la gendarmerie.

SECTION IV.—DES GRATIFICATIONS.

§ Ier. *Premières mises d'habillement.*

ART. 124.

Droits des nouveaux admis extraits de la ligne ou ayant accompli un rengagement.

Les sous-officiers et soldats extraits des corps de l'armée pour passer dans la gendarmerie, et ceux qui, ayant accompli un rengagement, y sont également reçus, ont droit à une première mise d'habillement, déterminée d'après l'arme du militaire et le corps de la gendarmerie : l'allocation en est faite d'après les ordres du Ministre de la guerre et sur des états de propositions adressés par le Conseil d'administration et conformes au modèle prescrit par l'art. 244.

ART. 125.

Cas d'allocation de la première mise aux militaires congédiés de la ligne.

La première mise est aussi allouée aux sous-officiers et soldats qui, sans avoir contracté un rengagement, obtiennent d'entrer dans la gendarmerie aussitôt après l'expiration de leur temps de service.

Cette gratification peut être accordée aux militaires qui forment la demande de leur admission dans le seul délai de six mois de la date de réception de leurs congés du service de l'armée.

ART. CXXIII.

Les formalités à remplir, à l'effet d'obtenir ces gratifications, sont déterminées dans l'instruction du 15 juillet 1835; *Journ. mil.*, p. 13.

ART. CXXIV.

Les conseils d'administration allouent actuellement sous leur responsabilité, sans attendre les ordres du ministre, l'indemnité de première mise. Cette allocation est faite comme celles qui sont payables sur les fonds de la solde (*Circulaire du 10 janvier* 1831, Journ. mil., *p.* 49. — *également les art.* 217, 244 *et* 260 *de ce réglement.*)

ART. CXXV.

Ce délai a été prolongé de *six mois*; mais il est nécessaire que la demande d'admission dans l'arme soit présenté au visa du sous-intendant militaire. Ce visa, daté et signé, sert à constater que la demande a été faite dans les délais *d'un an*. Cette pièce doit être conservée, pour être remise à l'appui de la feuille de journée et prouver que le militaire a droit à la première mise (*Circulaire du 27 juillet* 1835, Journ. mil., p. 54. — Art. 9 *de l'ordonnance du* 29 *octobre* 1820; *et les art.* 128, 129, 130, 131, 217, 259 *et* 292 *de ce réglement*).

ART. 126.

Gendarmes à pied passant dans l'arme à cheval.

Les gendarmes qui, ayant reçu la première mise de l'arme à pied, sont ensuite admis à faire le service à cheval, ne peuvent prétendre à un supplément pour compléter la première mise de cette dernière arme, que dans le cas où cette mutation suit immédiatement l'admission primitive, et lorsque ces hommes ont appartenu à des corps de cavalerie de l'armée.

ART. 127.

Gendarmes de Paris passant dans les légions.

Les militaires dans les positions prévues par les articles précédens, qui, étant entrés dans la gendarmerie royale de Paris, reçoivent ensuite une destination pour les légions des départemens, peuvent, lors de ce passage, obtenir une première mise, si leur activité dans le corps de Paris ne s'est point prolongée plus de six mois.

ART. 128.

Durée de service pour acquérir la propriété de la première mise, et cas de remboursement.

La propriété du fonds de première mise d'habillement n'est complètement acquise aux hommes qu'après deux ans révolus d'activité dans la gendarmerie, sauf le cas de réforme pour infirmités contractées ou de blessures reçues par le fait du service.

Le sous-officier ou gendarme, démissionnaire ou renvoyé du corps, doit rembourser la totalité de la première mise qui lui a été allouée, s'il quitte avant un an de la date de son admission; et seulement la moitié de cette gratification, s'il n'a pas achevé les deux années de service. Le temps de service pour le droit à la propriété de la première mise, est compté du jour de l'admission provisoire dans les compagnies, si les gendarmes ont été confirmés dans leurs emplois. Le mode de remboursement des premières mises est indiqué par l'art. 259.

Dans le cas de décès, et suivant les circonstances dépendantes du service, dont il est rendu compte au Ministre de la guerre, les masses individuelles des hommes ne sont pas grevées du remboursement des premières mises.

ART. 129.

Les Conseils d'administration responsables des remboursemens.

Les conseils d'administration deviennent responsables des remboursemens prescrits par l'article ci-dessus, à moins qu'ils ne justifient de l'insolvabilité forcée des sous-officiers et gendarmes, s'ils n'ont pas d'ailleurs négligé de faire la reprise des chevaux et effets de ces militaires.

ART. 130.

Première mise aux hommes de retour de captivité.

Les sous-officiers et gendarmes de retour des prisons de l'ennemi sont susceptibles d'être proposés pour une nouvelle première mise d'habillement, si, par les circonstances de leur captivité, ils se trouvent dans l'impossibilité de se remonter et de s'équiper avec leurs propres ressources.

ART. 131.

Les maréch.-des-logis promus officiers n'ont pas droit à une première mise d'équipement.

Les maréchaux-des-logis de gendarmerie promus officiers ne peuvent, à raison des avantages particuliers dont ils jouissent dans l'arme, prétendre, pour leur nouveau grade, à une gratification de première mise d'équipement.

§ II. *De la gratification d'entrée en campagne.*

ART. 132.

La gratifications est due aux officiers des forces publiques des armées.

Les officiers attachés aux forces publiques de gendarmerie des armées obtiennent, d'après un ordre spécial du Ministre de la guerre, la gratification d'entrée en campagne, suivant les fixations des tarifs généraux de l'armée pour chaque grade.

ART. 133.

Les sous-officiers promus officiers ont droit à cette gratification.

Les sous-officiers promus au grade de sous-lieutenant de gendarmerie, aux armées, ont droit à la gratification d'entrée en campagne, déterminée pour les lieutenans, auxquels ils sont assimilés pour la solde.

CHAPITRE III. --- *Des Abonnemens.*

SECTION Ire. — ABONNEMENT D'ENTRETIEN D'HABILLEMENT, DE REMONTE ET DE SECOURS.

ART. 134.

La gendarmerie n'a pas droit à la fourniture de chevaux au compte de l'État.

Les militaires de la gendarmerie ne peuvent prétendre à la fourniture gratuite des chevaux de remonte : ils sont tenus de pourvoir, à leurs frais, à l'achat et à l'entretien des chevaux propres à leur service dans l'arme.

ART. 135.

Abonnement d'entretien d'habillement de remonte et de secours; comment il est alloué aux légions.

Il est accordé à la gendarmerie un abonnement d'entretien d'habillement, de remonte et de secours, destiné spécialement à aider les sous-officiers et gendarmes dans leurs besoins au service. Cet abonnement est alloué aux légions, au complet de 6 hommes par brigades et suivant les variations du nombre de brigades affecté à chaque compagnie du département ou des ports et arsenaux. En cas de création de brigades ou de translation d'une brigade d'un département dans un autre département, l'abonnement ne compte que du premier jour du mois qui suit l'installation de ces brigades dans leurs nouvelles résidences. Les compagnies d'où les brigades sont extraites reçoivent l'abonnement du mois entier pendant lequel s'opère le déplacement. Cette disposition a lieu également pour le cas de transformation de brigades d'une arme en une autre arme.

Le même abonnement est dû aux forces publiques de gendarmerie en service aux armées, ou près les rassemblemens de troupes de ligne dans l'intérieur, et s'administrant séparément, d'après le complet des cadres de la troupe, et à dater du jour de l'installation des Conseils d'administration.

Art. CXXXV.

Depuis le 1er janvier 1833, l'abonnement d'entretien, de remonte et de secours est décompté d'après le nombre des journées donnant droit à une portion de solde quelconque (*Circulaire du* 10 *mars* 1833, Journ. mil., p. 150.)

Une ordonnance du 10 oct. 1821, portant création d'un fonds d'abonnement de remonte et de secours destiné à aider les sous-officiers et gendarmes dans leurs dépenses d'habillement et de remonte, insérée au *Journ. mil.*, p. 257, avait fixé l'abonnement d'entretien de remonte et de secours; mais cette allocation a été réduite par une nouvelle décision du 24 déc. 1829, insérée au *Journ. mil.*, p. 175.

Cette décision fixe cet abonnement ainsi qu'ils suit :

Abonnement	*d'entretien et de remonte,*	*Cavalerie* 20	*francs*	*par*	*homme,*	*par an.*
		Infanterie 10	*id.*		*id.*	*id.*
	de secours.	*Cavalerie* 15	*id.*		*id.*	*id.*
		Infanterie 15	*id.*		*id.*	*id.*

ART. 136.

Abonnement d'entretien et de remonte de la gendarmerie d'élite et des voltigeurs corses.

L'abonnement d'entretien et de remonte de la gendarmerie d'élite a une fixation spéciale. Il est payé, ainsi que le fonds de secours, au complet des sous-officiers et gendarmes du corps. Le Conseil d'administration acquitte sur ce fonds, pour frais de traitement des chevaux et de fourniture de médicamens, 25 centimes par mois et par cheval. Une retenue semblable sur la solde de la troupe complète le paiement des frais de l'artiste vétérinaire.

Le bataillon des voltigeurs corses a droit, également d'après le complet d'organisation, à l'abonnement d'entretien et de secours.

ART. 137.

Division de l'abonnement.

L'abonnement d'entretien, de remonte et de secours, déterminé par l'ordonnance du 10 octobre 1821, comprend deux allocations, qui forment : 1° le fonds pour les frais administratifs et les secours annuels ; 2° le fonds pour l'entretien et la remonte.

ART. 138.

Fonds pour les frais administratifs et les secours annuels.

Le cinquième du produit annuel de l'allocation pour le premier fonds est affecté au paiement des dépenses administratives de chaque compagnie. Les quatre cinquièmes restans sont répartis en secours aux sous-officiers et gendarmes, par les Inspecteurs-généraux lors de leurs revues, et par les colonels pendant l'intervalle des revues, mais seulement pour les cas urgens. Ces fonds sont aussi applicables à l'acquittement de quelques dépenses extraordinaires, sur l'autorisation du Ministre de la guerre.

ART. CXXXVI.

Le fonds d'abonnement d'entretien et de secours pour les voltigeurs corses a été supprimé (*Décision du Ministre de la guerre du* 24 *décembre* 1829, Journal milit., p. 175.)

ART. CXXXVII.

V. la note à l'art. 135.

ART. CXXXVIII.

Le cinquième du produit annuel du fonds de secours doit être décompté sur le pied du complet des brigades (*Art.* 2 *de l'ordonn. du* 10 *oct.* 1821, Journ. mil., p. 257, *Circulaire du* 10 *mars* 1833, *au* Journ. milit., p. 150, paragraphe 2.)

Ce cinquième est affecté à titre d'abonnement au paiement de tous les frais administratifs des compagnies, à l'exception du dixième qui est alloué aux commandans de compagnie pour les indemniser de leurs dépenses d'imprimés. Cette indemnité est payée par douzième à la fin de chaque mois. Le trésorier est chargé, sous la surveillance du Conseil d'administration, de l'emploi des 9/10mes restans. Mais, bien que le cinquième administratif soit considéré comme abonnement, le moins dépensé doit être reporté sur l'exercice courant, et versé au fonds de secours. Cette somme ne peut appartenir, dans aucun cas, au trésorier; voilà pourquoi la justification de cette dépense nécessite tous les ans des pièces régulières qui sont vérifiées par les sous-intendans militaires et les inspecteurs généraux (*Circulaire du* 26 *janvier* 1828, *au* Journ. milit., p. 16.)

Les frais d'achat et de renouvellement des douze registres des brigades que tiennent les commandans de brigade sont supportés par les 4/5mes de la masse de secours (*Circulaire du* 12 *décembre* 1835, Journ. milit., p. 335, *et celle du* 29 *mai* 1835, *même journal*, p. 192.)

Art. 139.

Fonds d'entretien et de remonte.

Le fonds d'entretien et de remonte est destiné à indemniser les sous-officiers et gendarmes pour les pertes de chevaux et d'effets d'équipement, dans l'exécution du service, et pour les aider dans les remplacemens ordinaires d'effets dispendieux et de chevaux. Le maximum de l'indemnité est de 350 fr. pour les pertes faites à l'intérieur, et de 450 fr. aux armées et pour les cas d'une nature tout-à-fait particulière.

Les distributions sur ce fonds sont autorisées par des décisions spéciales du Ministre de la guerre, et d'après les demandes des Conseils d'administration, appuyées de l'avis des colonels, qui ne peuvent écarter aucune proposition des compagnies, sauf à indiquer au Ministre, en marge des états, leurs motifs pour le rejet des demandes ou pour la réduction des sommes demandées.

Les indemnités sont susceptibles d'être réduites si les sous-officiers et gendarmes, aussitôt après les avoir obtenues, quittent le service de l'arme. Le Ministre de la guerre détermine la portion que ces militaires doivent rembourser avant leur départ.

Les hommes désignés pour la retraite ou la réforme ne peuvent être proposés pour des indemnités, si la perte des chevaux ou des effets n'est pas la suite immédiate d'un accident extraordinaire dans l'exécution du service.

Art. 140.

Avances de 400 fr. aux nouveaux admis.

Les compagnies peuvent former, par trimestre, des états, pour être autorisées par le Ministre, à faire, sur les fonds d'entretien et de remonte, aux militaires sortant de la ligne qui sont dépourvus de ressources pour se monter, des avances de 400 fr., remboursables par portion de 50 fr. chaque année, au moyen de retenues mensuelles sur la solde, opérées confusément avec celles destinées à former la masse de compagnie.

Ces avances sont portées en dépense au fonds d'abonnement, et en recette à la masse de compagnie et au compte ouvert de chaque homme.

A l'expiration de chaque année, le produit des retenues rentre au crédit du fonds d'entretien et de remonte pour augmenter ses ressources effectives : dans le cas d'insolvabilité, pour causes de force majeure, il en est référé au Ministre, qui autorise, s'il y a lieu, les imputations dans les comptes annuels de ce fonds.

Les Conseils d'administration deviennent responsables de la réintégration des avances, s'ils ont négligé les précautions convenables pour les recouvrer par les retenues mensuelles et par la reprise de tous les effets militaires et des chevaux, indépendamment des fonds de solde et de masse des gendarmes qui viendraient à décéder ou abandonneraient le service.

Les avances de 400 fr. peuvent être faites aussi sur les fonds de la solde si, par suites de pertes extraordinaires de chevaux et d'effets, l'abonnement d'entretien et de remonte, dans quelques compagnies, n'offrait les moyens d'y pourvoir qu'à des époques éloignées. Pour le remboursement, il est opéré, sur les états de solde, des déductions, conformément à l'art. 260.

Art. 141.

Comptes à tenir entre les compagnies pour frais d'administration des détachemens provisoires.

Les compagnies qui fournissent des détachemens provisoires doivent tenir compte de 25 c. par mois et par homme, qui composent le cinquième réservé pour

Art. CXXXIX.

Cet article a été modifié par l'instruction du 15 juillet 1835, *Journ. milit.*, p. 8, et la note ministérielle du 3 septembre 1835, *Journ. milit.*, p. 146, qui rectifie le procès-verbal n° 1, annexée à cette instruction. (*Circulaire du 10 juillet 1831*, Journ. milit., p. 41, *relative à tout ce qui concerne les marchés à passer et le mode de remplacements d'effets.*)

Art CXXXX.

Les avances de 400 francs sur le fonds de remonte n'ont plus lieu. La masse de compagnie fournit à tous les besoins, sous la responsabilité des Conseils d'administration (*Circulaire du 10 janvier 1831*, Journ. milit., p. 49).

les dépenses administratives, aux compagnies où sont employés les détachemens, afin de les indemniser des frais d'administration qu'elles ont à supporter pour les hommes détachés.

Il est fait, en conséquence, déduction aux compagnies auxquelles les hommes appartiennent, dans les états mensuels de paiement, des 25 c. de l'abonnement qui sont alloués aux compagnies pendant tout le temps qu'elles conservent les détachemens. Cette disposition ne reçoit son application que pour les déplacemens dont la durée donne lieu au paiement de la solde des hommes dans les corps ou détachemens dont ils font momentanément partie.

ART. 142.

Mode de propositions d'indemnités pour les hommes détachés.

Les propositions d'indemnités pour pertes de chevaux et d'effets, en faveur des hommes composant les détachemens provisoires, sont toujours faites par les compagnies titulaires, et sur leurs fonds d'abonnement, d'après les rapports, appuyés de pièces, des Conseils qui administrent provisoirement les détachemens.

ART. 143.

Déduction à faire sur l'abonnement, en cas de formation de forces publique.

Lorsque la formation des forces publiques pour le service des armées nécessite de détacher de diverses compagnies des départemens un nombre quelconque de sous-officiers et gendarmes, le Ministre de la guerre peut prescrire la déduction des allocations de l'abonnement de remonte et de secours, suivant le nombre d'hommes détachés pour composer ces forces publiques.

ART. 144.

Comptes annuels de l'abonnement.

Lors de leurs revues, les colonels doivent faire un examen attentif des chevaux de remplacement et recueillir les procès-verbaux d'acquisition, afin de s'assurer que les remontes faites au moyen des secours de l'abonnement sont bonnes et doivent assurer le service de l'arme. Les colonels font un rapport spécial à ce sujet, et le comprennent dans leur travail de revue.

Il est adressé tous les ans au Ministre de la guerre, et dans la forme indiquée par lui, un compte détaillé de l'abonnement de remonte et de secours. Les Conseils d'administration soumettent ce compte à la vérification et au visa des sous-intendans militaires.

SECTION II. — ABONNEMENT DE FOURRAGES.

ART. 145.

La gendarmerie pourvoit elle-même à la nourriture de ses chevaux, au moyen de l'abonnement.

La gendarmerie des légions faisant le service de l'arme à cheval a droit à un abonnement de fourrages, sur la base des mercuriales des départemens, et d'après une composition de rations de 5 kil. de foin, 5 kil. de paille et 8 litres deux tiers d'avoine. Au moyen de cet abonnement, les officiers pourvoiront individuellement à la nourriture de leurs chevaux, et les sous-officiers et gendarmes font en commun, par brigade, leur approvisionnement de fourrages.

ART. CXXXXI.

Les sous-officiers et gendarmes passant aux compagnies de gendarmes-vétérans, ont droit à une première mise de 40 francs, prélevée sur le fonds d'entretien et de remonte. Décision ministérielle du 24 oct. 1835, p. 206, *Journ. milit.* (Cette annotation aurait dû prendre place à l'art. 125).

ART. CXXXXII.

L'instruction du 15 juillet 1835, *Journ. milit.*, p. 8, règle le mode de propositions d'indemnités, pour les hommes détachés ou passés dans d'autres compagnies.

ART. CXXXXIII.

V. la note à l'art. 135.

ART. CXXXXIV.

Indépendamment des réceptions de chevaux par les Conseils d'administration des compagnies, il avait été décidé qu'il se formerait un Conseil de réception par lieutenance (*Circ. du 18 août* 1826, Journ. milit., p. 105); mais cette nouvelle formation des Conseils par lieutenance, n'ayant pas produit les résultats que l'on en espérait, n'a point eu de suite.

Les comptes annuels de l'abonnement de remonte et de secours doivent parvenir au Ministre par l'intermédiaire et avec l'avis des intendans militaires (*Circulaire du 10 mars* 1833, Journ. milit., p. 150).

ART. CXXXXV.

Une circulaire du 14 août 1818, au *Journ. milit.*, p. 164, établit la fixation, pour chaque brigade, d'un prix particulier réglé d'après la valeur des fourrages dans chaque localité, et leur donne la faculté de s'approvisionner elles-mêmes, en faisant injonction aux officiers de ne point s'immiscer dans les achats de fourrages, surveillance qu'ils n'auront à exercer qu'après la passation des marchés; mais, la partie de cette circulaire que traite de l'établissement, d'après les mercuriales, du prix commun à allouer à chaque compagnie, est modifiée par celle du du 1er août 1831, *Journ. milit.*, p. 107.

Il est également utile de connaître les principes généraux suivans :

Un cheval qui meurt à droit aux fourrages le jour de sa mort.

Celui qui est vendu n'a pas droit à la ration le jour de la vente.

Celui qui part de la compagnie, ou qui y arrive, n'a pas droit aux fourrages le jour de son départ et de son arrivée.

Celui qui est acheté a droit à la ration le jour de son achat.

On ne peut diviser la ration, elle est toujours distribuée et consommée complètement

ART. 146.

Règles d'allocation de l'abonnement.

Les intendans militaires arrêtent, d'année en année, au 1er octobre, sous l'approbation du Ministre de la guerre, les prix communs de l'abonnement par département. Ces prix sont alloués, avec la solde, aux compagnies, d'après le nombre de rations affectées au grade de chaque officier, et d'après l'effectif des chevaux présens des sous-officiers et gendarmes.

ART. 147.

Les officiers sont payés intégralement du prix commun de leur compagnie, sans aucune différence pour les résidences du même département.

Les chefs de légion ont le prix commun de la compagnie de gendarmerie du département dans lequel ils résident.

ART. 148.

Les sous-officiers et gendarmes reçoivent des prix particuliers réglés sur le cours des fourrages dans les lieux de station de leurs brigades respectives. Les sous-intendans militaires font à cet effet la répartition du prix commun annuel de chaque département, de concert avec les Conseils d'administration, et en laissant disponibles des centimes destinés à former, par compagnie, un fonds de réserve de fourrages dont le Ministre de la guerre peut seul prescrire l'emploi, sauf les avances à faire aux brigades pour faciliter les approvisionnemens en temps opportun.

ART. 149.

Dispositions particulières pour les forces publiques dans l'intérieur.

Lorsque les détachemens provisoires et forces publiques dans l'intérieur, s'administrant séparément, reçoivent l'abonnement de fourrages, les prix sont établis sur ceux des compagnies dans l'arrondissement desquels ils se trouvent, et sans aucune retenue pour la formation d'un fonds de réserve.

ART. 150.

Officiers passant à l'activité dans l'arme à l'intérieur, ou dans les colonies.

Les officiers qui passent à l'activité dans l'arme, ont droit aux fourrages, à compter du jour de leur entrée en solde. Ils ont, pour les journées de marche à leur poste, l'indemnité représentative d'un franc pour chacune des rations de fourrages attribuées à leur grade; et ils obtiennent du lendemain de leur arrivée le prix commun de la compagnie. S'ils arrivent à leur résidence sans être montés, ils sont tenus de faire immédiatement l'achat d'un cheval, pour avoir droit au rappel de ces indemnités.

Les officiers qui vont en service aux colonies reçoivent, avec la solde, le franc représentatif des fourrages pour chaque ration. La durée de cette allocation est la même que celle de la solde dont ils jouissent en attendant leur embarquement.

ART. 151.

Allocation de l'abonnement aux sous-officiers et gendarmes nouvellem. nommés.

Les sous-officiers et gendarmes nouvellement nommés, qui sont dirigés sur les légions par le Ministre de la guerre, n'ont droit à l'abonnement de fourrages que du jour où leurs chevaux ont été reçus aux compagnies.

Les hommes admis provisoirement, et qui sont destinés pour l'arme à cheval, ne

ART. CXXXXVI.

Circulaire du 14 août 1818, *Journ. milit.*, p. 164, pour la fixation annuelle du prix commun. La circulaire du 1er août 1831, *Journ. milit.*, p. 107. Quant au nouveau mode de procéder à cette fixation et à l'établissement du compte annuel, modèles d'états 1 et 2, enfin, celle du 1er juillet 1832, *Journ. milit.*, p. 10, qui porte que les marchés passés par les brigades, ne sont plus exigés qu'à titre de renseignemens.

ART. CXXXXVII.

Les officiers ne reçoivent point leurs fourrages en nature des magasins de la brigade. Ils doivent se procurer leurs fourrages eux-mêmes moyennant l'allocation qu'ils reçoivent du prix commun de la ration des fourrages réglé par compagnie (*Circulaire du 28 déc.* 1821, Journ. milit., p. 520, *du 25 mai* 1824, Journ. milit., p. 337.)

ART CXXXXVIII.

Circulaires des 14 août 1818, *Journal milit.*, p. 164, et 1er août 1831, *Journal milit.*, p. 107.

ART. CL.

Les officiers nouvellement admis n'ont droit aux prestations de fourrages que lorsqu'ils justifient régulièrement de l'époque à partir de laquelle ils ont été pourvus d'un cheval d'escadron; et si, après leur arrivée à leur destination, ils ne sont pas montés dans le délai d'un mois, ils supportent la retenue d'un franc par jour indépendamment de la qrivation du droit à l'abonnement (*Art.* 284 *de l'ordonn. du* 29 *oct.* 1820, *l'art.* 156 *de ce régl. et la circ. du* 17 *fév.* 1836, Journ. milit., p. 39.)

Les trésoriers qui ne sont pas monté reçoivent l'abonnement à dater du jour de leur entrée en fonction (*Même circ. du* 17 *fév.* 1836.)

sont payés des allocations représentatives de fourrages que du jour de leur notification de l'admission définitive, s'ils se sont d'ailleurs pourvus d'un cheval aussitôt après cette notification.

ART. 152.

Militaires détachés.

L'officier détaché hors de son département continue de recevoir, pour les fourrages, le prix commun de la compagnie à laquelle il appartient, si son absence dure moins d'un mois. Lorsque son séjour se prolonge au-delà de ce temps, et qu'il est payé de son traitement dans la compagnie où il est employé momentanément, il lui est alloué le prix de fourrages assigné à cette même compagnie.

Les sous-officiers et gendarmes, pendant le temps qu'ils sont détachés, reçoivent, pour les fourrages, le prix particulier de la résidence où ils se trouvent en service; ils en sont rappelés à leur retour aux compagnies, par une allocation spéciale dans les revues, s'ils n'ont pas été en solde dans le lieu de leur détachement.

ART. 153.

Absens et détenus.

Les officiers, sous-officiers et gendarmes absens légalement de leurs postes, et ceux en détention temporaire dans le cas prévu par l'art. 41, continuent d'avoir droit, lorsque les chevaux restent dans les résidences, aux allocations de l'abonnement de fourrages, d'après les fixations déterminées pour les compagnies aux époques de l'absence.

ART. 154.

Militaires changeant de compagnies.

Les officiers qui se rendent à de nouvelles destinations avec leurs chevaux ne sont pas rappelés du prix d'abonnement des compagnies, mais ils obtiennent une indemnité représentative des fourrages, d'un franc pour chaque ration dues à leur grade, en justifiant, par leurs feuilles de route, qu'ils ont conservé leurs chevaux.

Les sous-officiers et gendarmes, dans le cas de changement de résidence hors du département, font eux-mêmes, en route, l'achat des fourrages pour leurs chevaux, et reçoivent également, pour le remboursement de leurs dépenses l'indemnité d'un franc par jour.

Ils ont aussi la faculté de prendre les fourrages dans les magasins militaires, sauf remboursement, après qu'il leur a été fait l'allocation, dans les compagnies où ils se rendent, des mêmes prix des rations délivrées.

ART. 155.

Militaires en congé.

Les officiers qui emmènent leurs chevaux, lorsqu'ils obtiennent des congés limités, reçoivent la même indemnité d'un franc par ration en justifiant qu'ils ont conservé leurs chevaux durant leur séjour hors de leur département.

Les sous-officiers et gendarmes en congé, qui obtiennent la permission d'emmener leurs chevaux, ne peuvent prétendre au rappel du prix des fourrages consommés pendant l'absence, et ils supportent la dépense de nourriture de leurs chevaux.

ART. 156.

Retenues aux militaires démontés.

Les allocations de fourrages sont dues aux officiers, d'après le nombre de rations attribuées à chaque grade; mais si les officiers faisant le service de résidence à l'intérieur, à l'exception des trésoriers qui ont des fonctions sédentaires, ne sont pas constamment pourvus d'un cheval d'escadron, ils sont assujétis à la retenue

ART. CLIV.

Le nombre des rations de fourrages prises dans les magasins militaires par les gendarmes en route, hors de leur département, doit figurer désormais dans la colonne des journées, sur la feuille des journées donnant droit aux fourrages en nature, sans qu'il en soit fait de décompte en deniers (*Circul. du* 30 *juillet* 1835, Journ. milit., p. 57, *et la note ministérielle du* 13 *déc.* 1834, Journ. milit., p. 129.)

ART. CLVI.

V. l'art. 284 de l'ordonn. du 29 oct. 1820.

d'un franc par jour, sur leur solde, outre la privation des droits à l'abonnement de fourrages, et sont, après le terme de trois mois, considérés comme démissionnaires.

Les officiers qui perdent leurs chevaux obtiennent néanmoins, pour se remonter, le délai d'un mois, sans aucune retenue, conformément à l'art. 284 de l'ordonn. du 29 octobre 1820.

Les sous-officiers et gendarmes cessent d'avoir droit à l'abonnement de fourrages pendant tout le temps qu'ils sont démontés; et s'ils dépassent le délai mois, il est pourvu à leur remonte par les soins des Conseils d'administration. Dans ce cas, les Conseils rendent compte aux chefs de légions des mesures qu'ils ont prises pour se procurer de bons chevaux, et aux prix les plus modérés.

ART 157.

Chevaux restés dans les brigades après le décès des gendarmes.

Les chevaux restés dans les brigades, après le décès ou la réforme des sous-officiers et gendarmes qui en étaient propriétaires, continuent d'être compris, pour les distributions de fourrages, dans l'effectif des chevaux de la compagnie, pendant un délai suffisant pour mettre les Conseils d'administration à portée de procéder à leur vente ou d'en disposer pour la remonte des autres gendarmes. Si ce délai se prolonge au-delà d'un mois, les Conseils doivent justifier des motifs de retard aux sous-intendans militaires.

ART. 158.

Fourrages de la Corse.

Les prix de l'abonnement pour la gendarmerie de la Corse et pour le chef de bataillon commandant, les capitaines et le chirurgien aide-major du bataillon de voltigeurs corses, sont basés sur ceux réglés par la direction des subsistances militaires en Corse, lorsque la fourniture des fourrages est faite à ces corps, ainsi qu'il est expliqué à l'art. 194.

Les lieutenans et sous-lieutenans des voltigeurs corses n'ont pas droit à l'abonnement de fourrages.

ART. 159.

Fourrages en nature à la Gendarmerie d'élite, et dans le cas de service aux armées à la gendarmerie des légions.

La gendarmerie d'élite n'a point d'abonnement de fourrages. Ce corps reçoit les fourrages des magasins militaires dans toutes ses positions à l'intérieur et aux armées.

Il est statué par l'art. 195 sur les droits de la gendarmerie des légions et de Paris, à la fourniture des fourrages en nature pendant son service aux armées.

ART. 160.

Fourrages des forces publiq. aux armées.

Les forces publiques et détachemens de gendarmerie destinés pour les armées reçoivent également les fourrages en nature, d'après les décisions du Ministre de la guerre. Les allocations de l'abonnement, dont ils auraient joui dans la position prévue par l'art. 149, cessent de l'époque des distributions faites par les magasins militaires.

SECTION III. — DE L'ABONNEMENT D'ENTRETIEN DE L'ARMEMENT.

ART. 161.

La gendarmerie a droit à l'abonnement d'entretien des armes.

Les corps et compagnies de gendarmerie participent à l'abonnement annuel d'entretien de l'armement, et ils reçoivent les prix déterminés par l'art. 12 du réglement du 30 mars 1822, afin que les Conseils d'administration puissent pourvoir eux-

Art. CLVII.

Les sous-officiers et gendarmes qui quittent le corps ne peuvent également disposer de leurs chevaux qu'avec l'agrément du Conseil d'administration de la compagnie.

Le Conseil peut les conserver et en payer la valeur fixée par des experts (*Article* 290, *ordonn. du* 29 *oct.* 1820, mais pourvu que ces chevaux n'aient pas plus de douze ans et soient reconnus susceptibles de servir encore pendant quatre ans au moins, art. 3 de l'instruction du 15 juillet 1835, *Journ. mil.*, p. 8.)

Art CLXI.

Les conseils d'administration sont responsables de l'armement, art. 9 de l'instruction du 18 mars 1819, *Journ. milit.*, p. 244. Cette responsabilité est étendue aux commandans de lieutenance (*Circ.* du 4 juillet 1823, *Journ. milit.*, p. 53.) L'instruction du 18 avril 1836, sur l'habillement, ajoute aux pièces composant l'armement des sous-officiers et gendarmes, un bouchon de mousqueton, dont le

mêmes, à défaut d'armuriers spéciaux, aux dépenses de réparations nécessitées par l'usage des armes dans l'exécution du service.

Les détériorations des armes provenant du fait de la négligence des sous-officiers et gendarmes continuent d'être à leur charge; les frais de réparations sont acquittés sur la masse de chaque homme, sous la responsabilité des Conseils d'administration.

prix est de 30 cent. La circulaire du 12 oct. 1835, *Journ. milit.*, p. 185, que donne les modèles de sabre, épée et pistolet, dont les officiers doivent être armés.

Les pièces d'armes remplacées, soit au compte du soldat, soit au compte de l'abonnement, ne peuvent devenir la propriété de l'homme ni celle de l'armurier, mais doivent être versées dans les magasins de l'Etat, d'après l'autorisation de l'inspecteur général. Chaque versement est constaté par un procès-verbal, faisant connaître le nombre et la nomenclature des pièces versées pour servir de décharge au Conseil d'administration. Décision ministér. du 4 juillet 1836, *Journ. milit.*, p. 18, circulaire du 4 mars 1837, *Journ. milit.*, p. 129. Le nouveau tarif du prix des armes portatives du 14 septembre 1837, *Journ. milit.*, p. 319 (ce tarif annule celui du 28 juin 1834), et la décision ministérielle du 23 février 1838, *Journ. milit.*, p. 66, qui détermine le prix de l'allocation à payer à l'armurier de chaque compagnie.

Les bois payés par les soldats doivent être remplacés de suite. (Décision minist. du 11 mars 1838, *Journ. milit.* p. 94.)

Mais il est défendu de les faire remplacer tant qu'ils n'ont que des entures, des pièces en bois, de fortes gersures et légères dégradations qui ne peuvent nuire à la solidité de l'arme. Il est également défendu aux corps d'opérer des réparations aux armes qui doivent être versées dans les arsenaux. Circulaire du 1er août 1835, *Journ. milit.*, p. 61.

Les sous-intendans dressent les procès-verbaux des réparations à faire aux armes versées dans les arsenaux. Circulaire du 10 octobre 1835, *Journ. milit.*, p. 178.

Les vis du chien, à remplacer, doivent être en acier trempé et recuit. Décision ministérielle du 21 décembre 1825, *Journ. milit.*, p. 257.

Les dards de fourreau de sabre doivent être fabriqués également en acier trempé. Il est expressément défendu aux militaires de traîner leur sabre, ils doivent toujours les tenir suspendus au crochet lorsqu'ils sont à pied. (Circulaire du 14 février 1835, *Journ. milit.*, p. 286, et art. 309 de l'ordonn. du 2 novembre 1833.)

Toute perte d'armes est constatée par un procès-verbal dressé par le sous-intendant militaire, ou à son défaut, par le maire. Ce procès-verbal est soumis à l'inspecteur général, qui, à l'époque de sa revue, propose les retenues à exercer sur qui de droit; art. 9 de l'instruction du 18 mars 1819, dans tous les cas, l'arme perdue par la négligence des hommes, est remplacée à leur compte, d'après l'ordre du Ministre, sur la proposition du sous-intendant, et d'après les tarifs en vigueur.

Les récépissés que retirent les Conseils d'administration, des caisses de receveurs généraux, pour les sommes qu'ils y versent en remboursement d'armes perdues, sont adressés au Ministre de la guerre, bureau de l'artillerie. Circul. du 6 juin 1835, *Journ. milit.*, p. 235.

Si la perte des armes résulte d'un événement de force majeure, il en est dressé sur-le-champ procès-verbal par le sous-intendant militaire. Ce procès-verbal est transmis au général commandant la division; art. 9 de l'instruct. du 18 mars 1819 *Journ. milit.*, p. 244. La durée des armes à feu et blanches est fixée à 50 ans; art. 10 de l'instruction du 18 mars 1819. Il n'est fait d'autre remplacement d'armes qu'à raison du 50e; art. 11 de la même instruction.

Pour les motifs de la réforme : Consulter l'instruction du 16 mars 1822, *Journ. milit.*, p. 172. Les dégradations qui surviennent à l'armement sont constatées d'après les dispositions de l'art. 5 de la décision ministérielle du 28 oct. 1838.

Le numérotage des armes se fait par série 1re les mousquetons et les baïonnettes, la 2e les pistolets et la 3e les sabres. (Circulaire du 16 juin 1820, *Journ. milit.*, p. 213, décision ministérielle du 11 mars 1838, *Journ. milit.*, p. 94, et la note ministérielle du 27 mai 1838, *Journ. milit.*, p. 673.)

CHAPITRE IV. — *De la Masse de Compagnie.*

Art. 162.

Portion de solde destinée à l'entretien des hommes et formant la masse de compagnie.

La solde allouée aux sous-officiers et gendarmes comprend une portion fixe qui est réservée dans toutes les positions de présence et d'absence, pour concourir à former une masse, dite de compagnie, qui s'administre par les soins des Conseils d'administration, et est destinée à pourvoir en commun aux dépenses d'achat et d'entretien des effets d'habillement, d'équipement et de harnachement, et aux remplacemens de chevaux.

Le prix à payer pour la main d'œuvre du numérotage des armes est de 75 c. par cent armes (Note ministérielle du 27 mai 1838, *Journ. milit.* p. 673.

Pour les demandes d'armes : Instruction du 18 mars 1819, *Journ. milit.*, p. 244, et la circulaire du 11 avril 1829, *Journ. milit.*, p. 152.

Nécessaire d'armes, tire-balle et monte-ressorts. Circul. du 23 mars 1826, *Journ. milit.*, p. 120, instruction du 24 septembre 1826, art. 46, 47, 48 et 49, *Journ. milit.*, p. 503.

COMPTABILITÉ.

Le système de l'abonnement a été supprimé, circulaire du 5 septembre 1829, *Journ. milit.*, p. 108, il est remplacé par le mode prescrit par la circul. minister. du 1er janvier 1835, *Journ. milit.*, p. 29.

Chaque compagnie doit avoir un *livret*, un registre d'armement, un registre de numérotage d'armes et un registre de recettes et dépenses, relatives à l'armement ; art. 7 et 19 de l'ordonnance du 18 mars 1819, *Journ. milit.*, p. 244, circulaire du 11 mars 1838, *Journ. milit.*, p. 96. Les Conseils d'administration portent tous les ans le montant des frais de transport et d'emballage qu'ils acquittent, sur facture, en dépense au compte de l'armement de l'année courante. Avis ministériel du 4 juin 1835, *Journ. milit.*, p. 206.

Dans le courant de janvier de chaque année, il est rédigé, en triple expédition, un relevé des recettes et dépenses de l'année précédente, qui est adressé au Ministre de la guerre, bureau de l'artillerie. Ce relevé est appuyé des procès-verbaux prescrits par l'art. 5 de la Décision ministérielle du 28 oct. 1838, et établi sur l'état dit de *Clerc-à-Maître* du 22 sept. 1837. Circ. du 5 sept. 1829, *Journ. milit.*, p. 108.

L'état de situation de l'armement est adressé le 1er janvier de chaque année au Ministre de la guerre, bureau de l'artillerie ; art. 6, instruction du 18 mars 1819, *Journ. milit.*, p. 244.

Ces états parviennent au Ministre par l'intermédiaire de l'intendance (Note ministérielle du 14 décembre 1835, *Journ. milit.*, p. 375.)

Demande de munitions de guerre. Circulaire ministér. du 5 février 1818, *Journ. milit.*, du 17 août 1822, *Journ. milit.*, p. 144, et circulaire du 20 juillet 1818, *Journ. milit.*, p. 836. Les pertes sont constatées par des procès-verbaux. Circulaire du 30 mars 1822, *Journ. milit.*, p. 163, 6 juin 1835, *Journ. milit.*, p. 235.

Il est fourni chaque mois, par les Conseils d'administration, un état de situation des munitions à la disposition de la compagnie, conforme au modèle annexé à la note ministérielle du 10 avril 1835, *Journ. milit.*, p. 237. Cet état est adressé au Ministre de la guerre, (bureau de l'artillerie.)

Art. CLXII.

Chaque sous-officier, brigadier et gendarme doit être porteur d'un livret ; le prix en est fixé à 25 cent. par la circulaire du 26 avril 1835, *Journ. milit.*, p. 155. Les commandans de lieutenance inscrivent sur ces livrets les effets qu'ils sont chargés de distribuer avec l'indication de leur valeur, en s'assurant que ces effets sont entièrement conformes aux réglemens sous le rapport de la qualité, de la confection et du bien aller (*Circ. du 10 juill.* 1831, Journ. milit., p. 38). Quant aux inscriptions de recettes et de dépenses en deniers, autres que celles qui résulteront de ces

Cette portion de solde, pour le complet de chaque masse individuelle, est déterminée, savoir :

Gendarmerie d'élite......	480 fr. par an et par homme.
Gendarmerie des légions..	300 fr. par an et par sous-officier ou gendarme à cheval.
	150 fr. par an pour chaque homme à pied.
Voltigeurs corses.........	150 fr. par an et par homme.

Le premier fonds de la masse individuelle se forme des sommes allouées pour première mise d'habillement et des avances faites pour la remonte aux militaires extraits de la ligne ou admis au corps dans le délai d'un an de la date de réception de leurs congés. Quant aux anciens militaires retirés du service, ils sont tenus, au moment de leur admission, à des versemens particuliers de leurs propres fonds, pour leurs dépenses de premier établissement.

ART. 163.

Fixation des retenues mensuelles pour le complet de la masse de compagnie.

Lorsque les masses individuelles fixées par l'article précédent deviennent incomplètes, par suite du renouvellement des effets militaires et de la remonte, les Conseils d'administration exercent des retenues mensuelles sur la solde, qui s'élèvent à 300 fr. par an pour la gendarmerie d'élite; à 200 fr. pour la gendarmerie à cheval des légions; et à 100 fr. pour la gendarmerie à pied et le bataillon de voltigeurs corses.

Mais si les hommes redoivent à la masse de compagnie, ou sont encore débiteurs pour les avances de 400 fr. de remonte, les retenus annuelles sont portées, pour la gendarmerie à cheval des légions, à 250 fr.; et pour l'arme à pied à 120 fr. Dans aucun cas, les sous-officiers et gendarmes ne peuvent être assujétis à de plus fortes retenues sur leur solde.

Les retenues doivent cesser dès que les hommes ont de nouveau complété leur

distributions, elles n'auront lieu qu'à la fin de chaque trimestre, à moins que le porteur du livret ne quitte la lieutenance ou la compagnie. Dans ce dernier cas, le compte de l'homme sera arrêté par le conseil d'administration, vérifié et visé par le sous-intendant militaire. Le militaire ne doit jamais être dessaisi de son livret, sauf le temps indispensable pour les inscriptions (Même circulaire). A la fin de chaque trimestre, le relevé de son compte lui est adressé par le trésorier (*Loi du 26 germinal an* 6.) Il le signe et l'adresse au Conseil avec ses réclamations, s'il y a lieu. A la revue de l'inspecteur général ou du colonel, le trésorier lui remet un état indiquant, par lieutenance, le résultat des comptes de chaque homme, pour qu'il puisse le comparer avec les livrets (*Circ. du* 10 *juill.* 1831, Journ. milit., p. 41).

L'instruction sur l'uniforme du 18 avril 1836, *Journ. milit.*, p. 217, a annulé toutes les instructions précédentes relatives à la tenue.

La circulaire du 10 juillet 1831, *Journ. milit.*, p. 41, donne des instructions et des modèles pour la passation des marchés pour l'habillement et la remonte.

D'autres circulaires des 15 novembre 1831, *Journ. milit.*, p. 274, 20 mars 1834, *Journ. milit.*, p. 92, 16 septembre même année, *Journ. milit.*, p. 147, et 16 déc. 1835, *Journ. milit.*, p. 349, doivent être consultées, soit pour les tracés de coupe, soit pour ce qui est relatif à l'habillement, l'équipement et le harnachement, et qui ne seraient pas contraires aux dispositions de l'instruction du 18 avril 1836, précitée.

Les encaisses en numéraire de la gendarmerie ne doivent jamais dépasser 3,000 f.: le surplus de ces sommes doit être versé dans les caisses des receveurs généraux des finances. Les mandats de retrait ou de versemens ne doivent être qu'en somme ronde de 1000 fr. au moins, sans aucun appoint même de 100 fr. (*Circ. des* 30 *juin* 1825, Journ. milit., p. 254, 31 *juillet même année*, Journ. milit., p. 67, 18 *juillet* 1829, Journ. milit., p. 15, 31 octobre 1829, Journ. milit., p. 151, et 24 novembre 1829, Journ. milit., p. 59.)

Les trésoriers sont responsables de la conservation des effets en magasin (*Circ. du* 14 *nov.* 1835).

La réintégration d'un déficit dans les caisses s'opère au moyen d'une répartition entre tous les membres du Conseil d'administration, à raison de la solde dont chacun jouit. — *Principe général* (*Circulaire du* 3 *juin* 1832, Journ. milit., p. 477.)

masse, et qu'ils sont d'ailleurs pourvus de tous les effets prescrits par le réglement sur l'uniforme de la gendarmerie.

ART. 164.

Les indemnités de déplacement peuvent être versées dans quelques cas à la masse individuelle des hommes.

Les indemnités de déplacement accordées aux sous-officiers et gendarmes en service près des dépôts et ateliers de condamnés, ou formant des détachemens extraordinaires dans l'intérieur ou aux armées, peuvent, sur des décisions du Ministre de la guerre être retenues aux hommes, et versées à leur masse individuelle, s'il leur a été fait des avances d'habillement ou de remonte assez considérables pour rendre insuffisantes à l'acquittement de leurs dettes les retenues extraordinaires sur la solde.

ART. 165.

Retenues extraordinaires en cas de changement de compagnies des sous-officiers et gendarmes débiteurs aux caisses.

Lorsque les besoins de service exigent le changement de résidence des sous-officiers et gendarmes débiteurs aux caisses de la gendarmerie ou du Trésor, les dettes passent au compte des compagnies qui, ayant reçu définitivement les hommes, peuvent assurer, par des retenues exactes, les remboursemens. Les Conseils d'administration sont, en conséquence, dans l'obligation de se libérer sur-le-champ envers les compagnies créancières, en usant au besoin de la faculté d'employer à l'acquittement des dettes une partie des indemnités ou gratifications particulières qui seraient dues aux hommes. Ils ne peuvent faire également toutes compensations des dettes respectives entre les compagnies pour le compte des sous-officiers et gendarmes.

S'il est reconnu que ces militaires ont reçu dans leurs anciennes résidences, au moment des propositions de déplacement, des effets d'habillement ou de harnachement dont il n'était pas urgent de les pourvoir, les Conseils d'administration qui ont autorisé ces distributions d'effets, en sont déclarés responsables par décisions ministérielles, et n'en peuvent être remboursées qu'au fur et à mesure des ressources de la masse des débiteurs dans leurs nouvelles compagnies.

Les sous-officiers et gendarmes débiteurs ne peuvent obtenir leur changement de compagnies, pour des convenances personnelles, avant d'avoir acquitté les sommes qu'ils redoivent aux caisses.

ART. 166.

Retenues sur la solde d'absence.

La solde d'absence en congé, aux hôpitaux ou en détention, qui comprend une partie de la réserve destinée à la masse de compagnie, est passible de retenues pour l'entretien, dans la même proportion des sommes allouées, savoir: de la moitié des retenues ordinaires de chaque corps, pour les hommes en congé ou aux hôpitaux, et du tiers pour les hommes en détention.

ART. 167.

Droits de propriété des hommes aux fonds de masse.

La masse de compagnie est la propriété individuelle des sous-officiers et gendarmes, et chaque homme a droit au décompte de la somme qu'il aura en dépôt à la caisse de la compagnie, au moment de sa sortie. Il dispose également de son cheval et de tous les effets dont il a été pourvu sur les fonds de sa masse, sauf les restrictions pour les chevaux que les Conseils d'administration peuvent conserver, en remboursant leur valeur, conformément à l'ordonnance du 29 octobre 1820 (*art.* 290.)

En cas de mort du militaire, les effets et la valeur du cheval, ainsi que les fonds restés à la masse de compagnie, sont remis à ses héritiers. L'emploi des masses non réclamées est indiqué à l'art. 53.

ART. CLXIV.

La moitié des indemnités de déplacement et d'autres gratifications extraordinaires acquises à la Gendarmerie sur les fonds des divers départemens ministériels, est versée à la masse de compagnie au compte des hommes débiteurs à la caisse (*Circul. du* 15 *sept.* 1831, Journ. milit., p. 189, *et* 10 mars 1833, Journ. milit., p. 149.)

ART. CLXVII.

Les chevaux et effets achetés sur le fonds de la masse de compagnie pour le compte des sous-officiers et gendarmes sont vendus par les soins des Conseils d'administration de la Gendarmerie avec l'autorisation des fonctionnaires de l'intendance militaire, mais seulement lorsque, à défaut de remboursement intégral par lesdits sous-officiers et gendarmes, les chevaux et effets ne sont pas encore devenus leur propriété, et que, par suite, tout ou partie du produit de la vente doit faire retour à la masse pour la couvrir de ses avances. Art. 200 du réglement sur la comptabilité publique du 1er décembre 1838, Journ. milit., p. 429.—Les Conseils d'administration ne peuvent conserver le cheval pour être mis en service dans la compagnie, s'il est âgé de plus de douze ans. Instruction du 15 juillet 1835, Journ. milit, p. 8. Les sommes appartenant aux successions des militaires décédés, réclamées par leurs héritiers, continuent être déposées dans la caisse des dépôts et consignations (Note ministérielle du 15 novembre 1833, Journ. milit., p. 271.)

ART. 168.

Débiteurs insolvables renvoyés de la gendarmerie.

Les sous-officiers et gendarmes qui ont abandonné le service de l'arme ne sont pas privés de la remise des fonds de leur masse, non plus que de leurs effets, s'ils ne redoivent rien aux caisses, et si leur désertion n'a été accompagnée d'aucune des circonstances aggravantes prévues par l'article 253 de l'ordonnance du 29 octobre 1820. Leurs héritiers ou ayant-droit sont admis également à réclamer ces fonds.

ART. 169.

Si des sous-officiers et gendarmes viennent à décéder dans l'état d'insolvabilité envers la masse de compagnie, les Conseils d'administration dressent immédiatement un relevé estimatif de tous les effets laissés par ces militaires, en indiquant aussi la valeur de leurs chevaux. Ce relevé est transcrit au registre des délibérations et est joint à l'appui des réclamations formées par les compagnies pour obtenir du Ministre, s'il y a lieu, d'être couvertes du déficit sur les fonds d'entretien d'habillement et de remonte.

Les sous-officiers et gendarmes qui, s'étant mis dans le cas d'être renvoyés du corps, se trouvent insolvables, soit envers le trésor pour le remboursement de la première mise, soit envers les caisses des compagnies pour avances d'effets d'habillement ou secours pour la remonte ou autres dépenses, restent soumis à toutes poursuites ultérieures lorsqu'ils peuvent être astreint au paiement de ces dettes. S'ils obtiennent des congés, il est fait mention des sommes dont ils sont débiteurs.

TITRE II. — DES INDEMNITÉS, PRIMES ET GRATIFICATIONS DIVERSES SUR LES FONDS SPÉCIAUX.

ART. 170.

La gendarmerie a droit à des indemnités et gratifications extraordinaires sur divers fonds particuliers, d'après la nature mixte de ses fonctions ressortissantes aux services de la guerre et de la marine, et à ceux de l'ordre administratif et judiciaire.

ART. 171

Indemnités pour pertes par force majeure.

Les officiers, sous-officiers et gendarmes qui, dans l'exécution de leur service à l'intérieur, éprouvent, par des événemens de force majeure, des pertes qui ne peuvent être à la charge de l'abonnement de remonte et de secours, obtiennent,

ART. CLXX.

Toutes les sommes revenant aux gendarmes, dans l'espèce, sont ordonnancées au titre des Conseils d'administration sur leurs acquits visés par les sous-intendans militaires, et portées aux différens registres de comptabilité. La répartition doit en être effectuée immédiatement aux ayant-droit, d'après les principes posés par la circulaire du 15 sept. 1831, Journ. milit., p. 189, et 10 mars 1833, Journ. milit., p. 149.

Lorsque les Conseils d'administration auront à faire des demandes de gratifications extraordinaires, ils auront soin de faire toujours connaître la situation de la masse individuelle des hommes qui seront l'objet de leurs propositions. Circulaire du 15 sept. 1831, *Journ. milit.*, p. 189. Les états ou mémoires sont certifiés par les sous-officiers et gendarmes qui ont droit à la somme à ordonnancer; ces militaires donnent au bas de ces mémoires ou états, l'autorisation au Conseil d'administration de recevoir. Circulaire du 6 juin 1835, *Journ. milit.*, p. 196. — Cette circulaire règle le mode de liquidation des frais de justice criminelle, elle donne sous les numéros 1 et 2 des modèles pour ces recouvremens. Elle règle également le mode à suivre pour toucher la part afférente de l'amende sur la répression de la fraude pour le transport frauduleux des lettres et la circulaire du 21 sept. 1836, *Journ. milit.*, p. 310, pour le mode de paiement des diverses gratifications, indemnités et portions d'amendes ressortissant du Ministère des finances. Cette circulaire donne les modèles des états à etablir pour le recouvrement de toutes ces sommes; enfin, l'ordonnance du Roi du 28 nov. 1838, qui modifie l'art. 145 du réglement du 18 juin 1811, en ce sens qu'il ne sera plus fourni que deux expéditions de ces divers états ou mémoires, lesquels ne seront plus soumis au visa de MM. les préfets.

ART. CLXXI.

Instruct. du 15 juill. 1835, *Journ. milit.*, p. 8, qui détermine les cas dans lesquels ces indemnités sont allouées et les formalités à remplir.

sur un fonds spécial affecté à la gendarmerie, des indemnités déterminées par le Ministre de la guerre, d'après les propositions des colonels et l'avis des sous-intendans militaires qui sont appelés à vérifier et à constater la réalité et la valeur des pertes.

ART. 172.

Les pertes de chevaux faites par les officiers, lorsqu'elles sont une suite immédiate de l'exercice de leurs fonctions, et que les causes en sont dûment constatées, peuvent donner lieu à des propositions d'indemnités sur le même fonds.

ART. 173.

Gratifications pour bons services.

Les militaires de tout grade de la gendarmerie qui, par des faits et services signalés, sont susceptibles d'obtenir des récompenses pécuniaires, reçoivent, d'après des décisions particulières, des gratifications payables sur le fonds spécial de la gendarmerie, à moins que la nature des services ne place les propositions dans l'ordre des attributions du Ministère de l'intérieur.

ART. 174.

Captures de déserteurs et de condamnés appartenant aux services de la guerre et de la marine.

L'arrestation par la gendarmerie des militaires déserteurs des troupes de terre et de mer et des marins, et la capture des condamnés au boulet ou aux travaux publics, et des forçats évadés des bagnes, donnent droit à des gratifications fixées par des réglemens particuliers, et payables sur les fonds du Ministère de la guerre ou de la marine, suivant la position respective des individus arrêtés.

Des gratifications sont également accordées aux sous-officiers et gendarmes pour la reprise des prisonniers de guerre étrangers, déserteurs des dépôts de l'intérieur.

Art. CLXXII.

Circulaire du 15 juillet 1835, *Journ. milit.*, p. 8, qui détermine les cas dans lesquels cette indemnité est allouée et les formalités à remplir.

Art. CLXXIV.

Les primes accordées pour l'arrestation des individus indiqués au présent article s'élèvent, savoir :

1° Pour les déserteurs de l'armée de terre et de mer, à 25 fr., si la capture a eu lieu quarante-huit heures après l'absence illégale de leur corps (*Décret du* 12 *janv.* 1811, *mode de liquidation des frais de captures, les circulaires des* 14 *mai* 1819, Journ. milit., p. 418, 29 *janvier* 1811, *et* 16 *mars* 1827, Journ. milit., p. 138.)

2° Pour les insoumis, à 25 fr., si l'arrestation a eu lieu quarante-huit heures après le jour fixé par l'ordre de route ou après le jour de sa disparition du détachement (*Circ. des* 12 *juin* 1827, Journ. milit., p. 383, 384 *et* 385; 19 *nov.* 1837, Journ. mil., p. 445; 28 *octob.* 1831, Journ. milit., p. 252; *l'inst. du Minist. de la guerre du* 12 *oct.* 1832, Journ. milit., p. 379, *et la circulaire du* 29 *avril* 1833, Journ. milit., p. 283 et suivantes.)

3° Pour les prisonniers de guerre étrangers, des déserteurs des dépôts à l'intérieur, à 25 fr. : cette même prime a lieu pour la capture des déserteurs étrangers, d'après les conventions des autres gouvernemens avec la France.

4° Pour un condamné évadé des ateliers des travaux publics et des boulets, à 25 fr. (*Décision ministér. du* 30 *janv.* 1811, *conforme au décret du* 12 *du même mois, et la circul. du* 16 *mars* 1827, Journ. milit., p. 138, sur le nouveau mode de liquidation.)

5° Pour capture d'un forçat évadé, savoir :

	fr.
S'il a été repris hors des murs de la ville.	100
S'il a été saisi dans la ville.	50
S'il a été saisi dans le port.	25

(*Arrêté du* 6 *brum. an* 12.)

Toutes ces primes doivent être réclamées dans les six mois de l'arrestation, sous peine de tomber en déchéance (*Décret du* 13 *juin* 1806, *et la circulaire du* 20 *août* 1810.)

ART. 175.

Droit de capture pour arrestations en vertu de mandement de justice.

Si des gendarmes opèrent des arrestations hors de la présence des huissiers, en vertu de mandats d'arrêts, d'ordonnances de prise de corps, de jugemens ou d'arrêts de condamnation, le droit de capture leur est dévolu. Les gratifications pour ces arrestations sont payées comme frais de justice criminelle.

La gendarmerie ne peut réclamer des droits de capture pour l'exécution de mandats d'amener et de dépôt, ou pour l'arrestation d'individus évadés de prison ou surpris en flagrant délit.

ART. 176.

Déplacemens pour affaires judiciaires.

Lorsqu'en vertu de commissions rogatoires émanées des magistrats de l'ordre judiciaire, les officiers de gendarmerie se transportent à plus de 5 kil. de leurs résidences pur y procéder à des actes d'instruction judiciaire, il leur est accordé, en remplacement des indemnités attribuées aux juges et aux officiers du ministère public, l'indemnité de déplacement sur les fonds de la gendarmerie.

Les militaires de la gendarmerie qui sont appelés en justice, soit pour être entendus comme témoins lorsqu'ils n'ont pas dressé de procès-verbaux, soit pour donner des explications sur les faits contenus dans leurs procès-verbaux, reçoivent l'indemnité de voyage accordée aux témoins ordinaires. Dans ce dernier cas il n'est fait aucune allocation en sus, à titre d'indemnité de route ou de service extraordinaire sur les fonds de la guerre.

ART. 177.

Lorsqu'il est alloué l'indemnité de 5 francs par jour pour chaque gendarme employé pour la rentrée des contributions, il n'a pas droit aux indemnités de déplacement de la gendarmerie.

ART. 178.

Conduites extraordinaires de prévenus ou accusés.

Toutes les fois que des sous-officiers et gendarmes sortent de leur département, d'après un ordre ministériel, pour escorter jusqu'à destination un ou plusieurs prévenus, il leur est accordé, pendant la durée du déplacement, une indemnité par jour, de 6 francs au maréchal-des-logis, de 5 francs au brigadier, de 4 francs au gendarme.

Le nombre des jours pour l'aller est déterminé à raison des moyens de transport employés; pour le retour, l'indemnité est réduite à moitié des fixations ci-dessus, et est calculée d'après le nombre des journées d'étape.

Art. CLXXV.

Les arrestations opérées hors de la présence des huissiers donnent lieu aux primes suivantes :

	Villes au-dessous de 40,000 âmes.	Villes au-dessus de 40,000 âmes.	Ville de Paris.	
Captures en vertu d'un jugement de de police, pour délits forestiers.	3 fr.	4 fr.	5	Ordonn. royale du 15 fév. 1832, art. 6 du décret du 7 avr. 1813.
d'un mandat d'arrêt.	12	15	18	
d'une ord. de prise de corps.	15	18	21	
d'un arrêt de condamnation.	20	25	30	

Prise d'un condamné par les cours d'assises aux fers ou à la détention, évadé d'une prison, savoir :

Si le condamné est repris hors des murs de la ville où il était détenu, 100 fr. ; s'il est repris dans la ville, 50 fr. (*Décret du 18 ventose an 12.*)

La gendarmerie cesserait d'avoir droit à ces indemnités si elle ne les réclamait pas dans le délai d'un an. Si on avait laissé passer ce délai, le ministre seul pourrait en autoriser le paiement (*Art.* 149 *du régl. du* 18 *juin* 1811, *l'ordonn. du Roi du* 28 *nov.* 1838, *sur le mode de liquidation et la circulaire du* 6 *juin* 1835, Journ. milit., *p.* 196, pour la manière d'établir les états ou mémoires.)

Art. CLXXVI.

Quant à l'indemnité due aux gendarmes entendus comme témoins, ou appelés devant les tribunaux civils à donner des explications relativement aux procès-verbaux qu'ils ont rédigés, elle doit être seule quittancée par eux, attendu que cette indemnité est payable sur simple taxe mise au bas de la citation (*Circ. du* 6 *juin* 1835, *Journ. milit.*, p. 196).

Pour les sous-officiers et gendarmes appelés comme témoins devant les conseils de guerre, ils ne reçoivent poins l'indemnité accordée aux témoins ordinaires appelés devant les tribunaux civils. Ils sont traités comme les témoins militaires appelés devant le conseil de guerre, c'est-à-dire qu'ils reçoivent, indépendamment de leur solde par gîte d'étape et suivant leur grade, l'indemnité de route accordée aux militaires voyageant isolément (Instruction du 25 novembre 1808, art. 15 et Circ. du 25 août 1835, Journ. milit., p. 92).

Art. CLXXVII.

D'autres modes de poursuite ont été établis dans chaque département pour la rentrée des contributions. Dans une instruction générale du ministre des finances du 25 décembre 1826, qui règle définitivement cette matière, il n'est nullement question d'employer la gendarmerie à ce sujet. Elle est seulement chargée de prêter main-forte, en cas de besoin, aux agens chargés de cette opération ; mais, dans ce cas, elle n'a droit à aucune indemnité.

Art. CLXXVIII.

Il importe de ne pas perdre de vue que les indemnités déterminées par cet article sont dues exclusivement pour les conduites extraordinaires faites en vertu *d'un ordre ministériel* ; si l'ordre est émané du ministre de la guerre, ces frais sont imputés sur les crédits alloués pour le service qui a nécessité le transfèrement ; ainsi la conduite des militaires aliénés ou à la charge du budget des hôpitaux, et celle des prévenus traduits devant les conseils de guerre, ou des militaires condamnés par le

Les dépenses auxquelles donnent lieu ces conduites directes sont payées sur les fonds à la disposition des départemens ministériels qui ont expédié les ordres pour les translations.

Art. 179.

Les conduites extraordinaires qui sont faites à la réquisition des magistrats des Cours royales donnent droit au remboursement, sur les fonds du Ministère de la justice, des frais de voyage des gendarmes d'escorte, et sur la justification de mémoires détaillés des dépenses. Pour le retour de l'escorte, il est alloué, par le Ministère de la guerre, l'indemnité de service extraordinaire pour chaque journée effective de route.

Art. 180.

Si des circonstances graves exigent qu'un officier de gendarmerie soit chargé d'une conduite de détenus, hors de son département, les frais de voyage sont payés sur le mémoire qu'il produit, et après le visa des autorités supérieures qui doivent assurer le remboursement des dépenses.

Art. 181.

La gendarmerie peut obtempérer aux demandes d'escortes particulières faites par les pères, tuteurs ou conseils de famille, lorsqu'il s'agit de conduire dans des maisons de détention ou de dépôt, des mineurs et des interdits.

L'indemnité pour chaque journée de déplacement est payée aux sous-officiers et gendarmes par ceux qui ont requis l'escorte d'après le taux fixé par l'art. 198.

Art. 182.

Hors les cas ci-dessus, les conduites sont toujours faites de brigade en brigade, à moins que les prévenus ou accusés n'obtiennent de l'autorité compétente de faire les frais de leur transport et du retour de l'escorte.

Pour l'aller, l'indemnité, d'après les fixations de l'art. 178, est due toute entière et suivant le nombre de journées de transport : pour le retour, l'indemnité est seulement de moitié, d'après la durée effective du transport; mais si l'escorte fait son retour à pied, l'indemnité est calculée sur le nombre de journées d'étape.

Art. 183.

L'allocation des indemnités ou le remboursement des dépenses pour les conduites extraordinaires, comme il est spécifié par les articles qui précèdent, exclut tout droit aux indemnités de déplacement déterminées dans le tarif pour les services extraordinaires, et aux indemnités de route de l'armée.

conseils, sont payés sur le budget de la justice militaire (*Instruction du* 6 *juin* 1835, Journ. milit., p. 196.)

Art. CLXXVIII.

Circulaire du 6 juin 1835, Journ. milit, p. 196.

Art. CLXXIX.

Cet article n'est applicable qu'aux conduites extraordinaires faites à la réquisition des magistrats des cours royales ; il en est de même pour les réquisitions du président de la cour des pairs, lors même qu'à raison de la qualité du prévenu, le ministre de la guerre aurait donné les ordres pour l'exécution du réquisitoire. Les mémoires à établir par les commandants d'escortes pour les frais de ces conduites, payables sur les fonds du ministère de la justice; doivent être appuyés de pièces justificatives de la dépense, et notamment de celle qu'aura nécessité le transport, suivant le mode prescrit dans l'ordre de conduite (*Circ. du* 6 *juin* 1835, Journ. mil., p. 196.)

Les officiers de gendarmerie qui sont chargés de faire exécuter les réquisitoires, doivent réclamer exactement et avec instance des mandats provisoires d'avances ; les conseils d'administration peuvent y suppléer sur les fonds de la caisse ; s'il y a impossibilité de les obtenir assez promptement, ils mentionnent leurs avances sur les feuilles de route (*Circ. du* 24 *septembre* 1835).

Art. 184.

Primes et partage des saisies en matière de contrebande.

Les officiers, sous-officiers et gendarmes qui concourent à des saisies pour contraventions, en matière de douanes ou de contributions indirectes, ont droit au partage de ces saisies d'après les réglemens en vigueur des administrations financières qui déterminent, dans leurs états de répartition, le montant net de la part afférente à la gendarmerie.

Il est également accordé à la gendarmerie des primes pour la capture des contrevenans en ces matières et pour la répression des délits forestiers.

Les produit des confiscations et amendes sont remis aux Conseils d'administration des compagnies de départemens, qui sont chargés d'en faire la distribution, dans la proportion suivante, et nonobstant, les bases du partage indiqué par les administrations financières entre ses agens et les militaires de la gendarmerie.

Un tiers du produit est partagé entre le commandant de la compagnie et le lieutenant dans l'arrondissement duquel la saisie aura été faite.

Les deux autres tiers sont distribués, d'une manière égale, entre les sous-officiers et gendarmes saisissans, sauf toutefois que le commandant du détachement ait une part et demie. Le sous-officier commandant du poste, qui aurait fourni le détachement et n'aurait pu assister à la saisie, entre également en partage, mais seulement comme simple saisissant.

Lorsque les officiers supérieurs ont, dans des cas extraordinaires, agi directement pour la répression de la fraude, et assuré le succès d'une opération majeure, le Ministre de la guerre prend une décision spéciale pour régler la part à laquelle ils auront droit.

Art. CLXXXIV.

D'après les lois et réglemens en vigueur, les gendarmes verbalisans ont une part dans les captures, saisies et amendes résultant des contraventions, dont voici la désignation :

Les Officiers de Gendarmerie désignés dans l'article ci-dessus ont droit à une part dans les Amendes *et* Saisies *des articles ci-après :*

Douanes.

Pour arrestation d'un colporteur de tissus de fabriques étrangères, 15 fr.; — pour saisie ordinaire par les gendarmes seuls, les 3/6mes du produit net de la saisie; — pour saisie concurremment avec les préposés des douanes, chaque gendarme saisissant a une part de saisissant; — pour indication de la fraude, un tiers du produit des amendes et confiscations (*Arrêtés du Ministre des finances du* 17 *octobre* 1816).

Contributions indirectes.

1° *Boissons, Octroi.* Pour dénonciation de la fraude et saisie avec les employés des Contributions indirectes, le tiers du produit net des amendes et confiscations (*Arrêté du Ministre des finances du* 17 *octob.* 1816.)

2° *Cartes à jouer.* Pour saisie de cartes à jouer de fabriques étrangères, moitié des amendes et du produit des confiscations (*Arrêté du Ministre des finances du* 17 *octobre*, 1816.— *id.*)

3° *Tabacs.* Pour capture d'un colporteur de tabacs en fraude, 15 francs; — pour saisie de tabacs, moitié dans le produit des amendes, des primes et de la vente des tabacs; — pour indication de la fraude, un tiers du produit des amendes et confiscations (*Ordonnance du* 31, *décembre* 1817, *et l'arrêté du Ministre des finances du* 17 *octobre* 1816.)

4° *Poudre à tirer.* Pour capture de chaque contrevenant, 15 fr. (*Ordonnance du* 17 *novembre* 1819); — pour saisie de poudre, la moitié du produit net des poudres saisies et des amendes (*Arrêtés des* 13 *et* 27 *fructidor an* 5. Les gendarmes qui ne seront appelés que pour assister à la saisie, n'ont droit à aucun partage des amendes, *décret du* 16 *mars* 1813, *et la décision du Ministre des finances du* 22 *oct.* 1832.)

5° *Observations.* Les officiers de gendarmerie n'ont pas droit à une portion dans les primes résultantes *de la capture* d'un colporteur de tabacs, de poudre, ou d'un contrebandier, par les gendarmes sous leurs ordres. Cette prime revient entièrement au capteur, *arrêté du Ministre des finances du* 17 *octobre* 1816, *déjà cité, et la circulaire du* 26 *mai* 1818, qui établit entre les membres de la gendarmerie, le mode de répartition du produit des amendes en matière de douanes et de contributions indirectes, *Journ. mil.*, p. 768.

Les Officiers de Gendarmerie n'ont aucune part dans les Amendes *indiquées aux articles ci-après :*

Postes aux Lettres.

Pour saisies de lettres transportées par d'autres moyens que par la poste. Le tiers de l'amende prononcée, dont le minimum est de 150 francs, et le maximum de 300 francs, *arrêté du* 27 *prairial an* 9. Les procès-verbaux relatifs au transport frauduleux des lettres, doivent être adressés aux directeurs des postes. (*Circulaire du* 15 *nov.* 1831, Journ. mil., p. 277.)

Grande-voirie.

Le tiers de l'amende aux sous-officiers et gendarmes qui ont rapportés les procès-verbaux (*Art.* 115 *du décret du* 16 *déc.* 1811, *et la décision du Ministre des finances du* 26 *avril* 1817).

Roulage.

1° Pour condamnation résultante de l'attelage de plusieurs chevaux à une voiture dans les cas prévus : moitié de l'amende (*Art.* 1er *et* 3, *loi du* 7 *vend. an* 12.)

2° Pour condamnation résultante du trop de longueur des essieux de toute espèce de voiture ou des clous à tête de diamant ; le quart net de l'amende (*Art.* 16, 28, 29 *et* 32, *décret du* 23 *juin* 1806.)

3° Pour condamnation résultante du défaut de plaque aux voitures de roulage ; le quart de l'amende, ou double si la plaque portait soit un nom, soit un domicile faux ou supposé, plus la moitié des dommages (*Art.* 32 *et* 34, *même décret du* 23 *juin* 1806.)

Lettres de Voitures.

Pour défaut de timbre de lettres de voitures : moitié de l'amende (*Décret du* 15 *messidor an* 13.)

Chasse.

Il revient aux sous-officiers et gendarmes verbalisans 5 francs par chaque contrevenant condamné (*Ordonnance du* 17 *juillet* 1816. Ces indemnités doivent être réclamées au moins dans l'année, à partir de la date du jugement définitif, si on veut éviter la déchéance, *ordonnance du* 24 *septembre* 1822.)

Délits forestiers.

Pour l'exécution d'un jugement, pour délits forestiers ou en vertu d'un contrainte par corps : 3 fr.

Préposés aux Convois militaires.

Amende de 25 fr. pour infraction à l'art. 143 du réglement du 31 décembre 1823, Journ. milit., p. 442.

TITRE III. — DES PRESTATIONS EN NATURE.

CHAPITRE Ier. — *Des droits aux prestations en général.*

ART. 185.

Prestations à titre gratuit.

Les militaires de tout grade de la gendarmerie ont droit, à titre gratuit, lorsqu'ils sont employés dans les camps et aux armées, et dans quelques cas de service extraordinaires indiqués ci-après, aux prestations en nature alloués aux troupes de l'arme des cuirassiers, ou d'infanterie de ligne, selon que les détachemens de gendarmerie sont montés ou non montés.

ART. 186.

Prestations sauf remboursement.

Dans les résidences et en service ordinaire, il ne peut être fait, au compte de l'Etat, à la gendarmerie, aucune fourniture de vivres et liquides, de fourrages, et de chauffage, ni effets d'habillement. Cependant, le Ministre de la guerre, lorsqu'il le juge convenable, autorise les compagnies ou les détachemens de gendarmerie à se fournir dans les magasins militaires de pain et de fourrages, sauf remboursement de la valeur par des retenues sur la solde des hommes.

SECTION Ire. — DES SUBSISTANCES ET DU CHAUFFAGE.

§ Ier. *Du Pain.*

ART. 187.

Fournitures aux détachemens près des ateliers et à la gendarmerie de la Corse.

Les sous-officiers et gendarmes détachés de leurs résidences pour la garde et la police des dépôts de condamnés, situés dans leur département ou hors de leur département, ont droit indistinctement à la fourniture journalière du pain de munition sur le pied de paix.

La même fourniture de pain est accordée aux sous-officiers et gendarmes de la Corse, sauf la déduction, dans les états de solde, de 15 cent. par ration délivrée des magasins de la direction des subsistances militaires à Bastia.

ART. 188.

Fournitures aux rassemblemens et forces publiques dans l'intérieur.

Les rassemblemens de gendarmerie et les forces publiques pour la surveillance des frontières ou pour le service de police près des corps de troupes réunis sur des points de l'intérieur, peuvent obtenir gratuitement les rations de pain, sur le pied de paix, d'après une autorisation spéciale du Ministre de la guerre.

§ II. *Des Vivres et Liquides.*

ART. 189.

Militaires de la gendarmerie en service aux armées.

Les vivres de campagne et toutes distributions extraordinaires sont dues aux officiers, sous-officiers et gendarmes, pendant tout le temps qu'il sont détachés aux armées, et d'après les mêmes règles que pour les corps de ligne.

ART. 190.

Détachemens de gendarmerie servant concurremment avec la ligne dans l'intérieur.

Les sous-officiers et gendarmes composant les détachemens qui font, concurremment avec les troupes de ligne, un service dans l'intérieur donnant droit à des dis-

Art. CLXXXIX.

Les gendarmes employés à la garde des ateliers de condamnés ont également droit aux rations de liquides (*Circulaire du 21 avril* 1824, Journ. milit., p. 288, *et le régl. du 27 fév.* 1823. Journ. milit., 1837, p. 189.)

tributions extraordinaires de vivres et de liquides, participent à ces distributions en nature. Ces fournitures peuvent être remplacées par une indemnité représentative en argent, réglée d'après le mode suivi pour les corps de la ligne.

Les hommes en service, hors de leur département ou dans leur département, pour la garde et la police des dépôts et ateliers de condamnés aux travaux publics ou au boulet, participent aux distributions de liquides dans les circonstances où elles sont accordées aux troupes de ligne.

ART. 191.

Distributions de liquides à la gendarmerie d'élite.

Les distributions de liquides, pour cause de salubrité ou à l'occasion de fêtes et réjouissances publiques, sont accordées aux militaires de la gendarmerie d'élite, de la même manière et toutes les fois que ces distributions sont faites aux corps de la garde royale.

ART. 192.

Liquides distribués aux légions pour causes de salubrité.

Les mêmes distributions de liquides peuvent être faites sur des décisions du Ministre de la guerre, à quelques portions de la gendarmerie des départemens, mais seulement pour des causes locales de salubrité.

§ III. *Des Fourrages.*

ART. 193.

Fourrages en nature à la gendarmerie d'élite.

Le corps de la gendarmerie d'élite, reçoit, dans toutes ses positions de service à l'intérieur et aux armées, les rations de fourrages des magasins militaires, sur le pied fixé pour la grosse cavalerie de la garde, tant pour le nombre que pour la composition des rations.

La composition des rations de fourrages de la gendarmerie des départemens, indiquée par l'art. 145, peut subir quelques changemens pour la gendarmerie de la Corse; mais le Ministre de la guerre autorise seul la substitution d'une denrée à une autre.

ART. 194.

Serv. des fourrages pour la gendarmerie de la Corse et les officiers des voltigeurs corses.

Le service des fourrages pour la légion de gendarmerie en Corse et pour le chef de bataillon commandant, les capitaines et le chirurgien aide-major du bataillon de voltigeurs corses, peut être assuré, dans des circonstances extraordinaires, au moyen d'achats faits par la direction des subsistances militaires de la 17ᵉ division, et sauf remboursement. Dans ce cas, les prix d'achat qui sont alloués, comme abonnement de fourrages, à ces deux corps, sont ensuite déduits dans les revues trimestrielles, d'après les décomptes de fournitures établis par le directeur des subsistances à Bastia.

ART. 195.

Fourrages en nature à la gendarmerie des légions et de Paris aux armées.

Les fourrages en nature sont dus aux officiers, sous-officiers et gendarmes, des légions et du corps de la gendarmerie de Paris, qui sont détachés aux armées. La composition des rations est celle de l'arme des cuirassiers. Cette fourniture leur est faite par les magasins militaires, à compter du jour de leur départ pour l'armée, et jusqu'au jour exclu de leur rentrée au chef-lieu de la compagnie ou du corps, soit qu'ils marchent isolément ou en détachement.

Les fourrages sur le pied de guerre sont alloués, à dater du lendemain de l'arrivée

des militaires aux armées ou rassemblemens sur le pied de guerre, jusqu'au jour exclu de leur départ de ces armées ou rassemblemens.

Le droit aux distributions pour ces corps et pour la gendarmerie d'élite est établi en raison du nombre de chevaux attribué à chaque grade sur le pied de guerre, et réellement présens en service.

ART. 196.

Indemnité en remplacement des fourrages en nature aux militaires appelés aux armées.

Les militaires appelés aux armées, qui n'auraient point reçu les fourrages des magasins militaires pendant leur route dans l'intérieur, obtiennent le franc représentatif des fourrages d'après l'effectif de leurs chevaux constaté par les feuilles de route.

§ IV. *Du Chauffage*.

ART. 197.

Chauffage à la gendarmerie employée aux armées, et à la gendarmerie d'élite à Paris.

Le chauffage est accordé à la gendarmerie employée dans les camps et aux armées, ainsi qu'il est réglé pour les troupes sur le pied de guerre.

Dans l'intérieur, le chauffage est dû à la gendarmerie d'élite, mais seulement pour les corps-de-garde de la troupe dans la résidence de Paris.

SECTION II. — DU LOGEMENT, DE LA LITERIE ET DES EFFETS DE CAMPEMENT.

§ Ier. *Du Logement*.

ART. 198.

Logement des officiers des légions et casernement des brigades.

Le casernement des brigades de gendarmerie de l'intérieur et des détachemens provisoires ou postes intermédiaires, est fourni par l'administration départementale, ainsi que le logement des officiers en résidence.

Les officiers sont logés dans les casernes, ou, à défaut de locaux suffisans, dans des bâtimens, le plus possible à proximité des casernes. La composition de leur logement est réglée ainsi qu'il suit :

Le colonel, 4 chambres, plus une de domestique et une cuisine ;

Le chef d'escadron, 3 chambres, une de domestique et une cuisine;

Le capitaine, 3 chambres et 1 cabinet;

Le lieutenant, 2 chambres et 1 cabinet;

Le trésorier, 3 chambres, dont 2 à cheminée et 1 cabinet. L'une des 2 chambres à cheminée doit servir de secrétariat pour la compagnie; le Conseil d'administration y tient ses séances. Le cabinet est destiné à recevoir la caisse.

Il est affecté en outre, dans les casernes du chef-lieu de la compagnie, une pièce formant magasin pour le dépôt des objets d'armement, de munitions de guerre, et pour les modèles et effets d'habillement et de harnachement.

Art. CXCVIII

Chaque sous-officier et gendarme est responsable des réparations locatives de son logement duquel il doit y avoir un extrait de l'état des lieux (*Art.* 1730, 1731 *et* 1754 *du Code civil.*)

Les commandans de brigades et les gendarmes sont responsables collectivement de toutes les dégradations commises dans les emplacemens qui sont en commun dans les casernes, lesquels doivent être désignés dans les états de lieux.

Les officiers de gendarmerie logés dans les casernes ou ailleurs sont exempts de logemens militaires (*Art.* 11 *et* 12 *du régl. du* 12 *oct.* 1791, *confirmés par l'arrêté du* 27 *thermidor an* 8.)

Les bâtimens employés au casernement de la gendarmerie ne sont pas soumis à la contribution sur les portes et fenêtres (*Loi du* 4 *frimaire an* 7.)

Les officiers de gendarmerie sont assujétis à la contribution personnelle et mobilière. Les bases de cette répartition sont les mêmes que celles adoptées pour tous les autres citoyens. (*Circ. du* 31 *juillet* 1820, Journ. milit., p. 47.) Le mode précédent d'une retenue de deux centimes par franc sur leur traitement, indiqué par le décret du 11 avril 1810, a été abrogé (*Art.* 30 *de la loi du* 23 *juil.* 1820, Bull. 385 p. 57.)

Si les officiers refusaient d'habiter des bâtimens publics disponibles ou des casernes présentant des locaux convenables, l'indemnité de logement ne leur serait pas allouée (*Circ. du* 8 *mai* 1818, Journ. milit., p. 543.)

ART. 199.

Les brigades sont casernées dans des bâtimens situés, autant que possible, sur les routes les plus fréquentées et sans communications avec des bâtimens voisins, pour assurer le secret des opérations de la gendarmerie, et à proximité des maisons d'arrêt et de détention. Ces bâtimens doivent être composés de 7 chambres, dont 6 à cheminée; la répartition en est faite de manière que 2 chambres, dont une à cheminée, soient réservées pour le commandant de la brigade, et chacune des 5 autres pour chaque gendarme.

Dans les résidences où il n'existe ni maison d'arrêt, ni prison, la caserne devra contenir une chambre de plus pour servir de chambre de sûreté.

Outre le local destiné au logement des gendarmes à cheval, la caserne doit contenir une écurie pour six à huit chevaux, et des greniers et magasins suffisans pour les approvisionnemens de fourrages d'une année.

ART. 200.

Aucune brigade ne peut être changée de caserne avant que le Ministre de la guerre n'ait statué sur tout ce qui tient à la convenance des lieux et à leur distribution intérieure, sous le double rapport du bien du service et la salubrité des logemens.

Les colonels sont chargés à cet effet de faire rédiger, par les commandans de compagnies ou par les lieutenans, des états descriptifs des casernes, et de donner leur avis sur les avantages ou les inconvéniens des locaux proposés.

Il approuve les baux de la gendarmerie passés par les préfets des départemens, de concert avec le Ministre de l'intérieur qui prononce sur les conventions pour les prix des loyers.

ART. 201.

Casernement de la gendarmerie d'élite dans les résidences royales.

Le casernement est fourni par l'administration de la guerre au corps de la gendarmerie d'élite, pour la résidence de Paris. Dans les autres résidences royales, le casernement du corps est assuré, de concert avec le Ministre de la maison du Roi.

ART. 202.

Casernement militaire du bataillon de voltigeurs corses.

Le casernement militaire est fourni au bataillon des voltigeurs corses, à l'instar des troupes de ligne. Ce bataillon a droit au logement militaire à la charge des communes, dans ses marches et expéditions dans l'île.

ART. 203.

Logement militaire de la gendarmerie aux armées, et lors de ses déplacemens de résidence.

Les officiers, sous-officiers et gendarmes qui sont détachés aux armées ont droit au logement militaire, d'après les mêmes règles que pour les corps de l'armée.

Le logement militaire est également accordé à la gendarmerie dans toutes ses positions de service extraordinaire, et lors de ses déplacemens de résidence à l'intérieur.

§ II. *De la literie et des effets de campement.*

ART. 204.

Ameublement des officiers et des sous-officiers et gendarmes des légions.

Les officiers faisant le service de résidence doivent pourvoir à leur compte à l'achat et à l'entretien de leur mobilier personnel.

ART. CC.

Circulaire du 3 avril 1818, sur le renouvellement et la passation des baux et celle du 14 décembre 1830, modificative de la Circulaire précitée, disposant qu'à l'avenir les commandans de compagnie adresseront au chef de légion les états descriptifs immédiatement après la passation de leur renouvellement des baux. Le bail cesse de plein droit à l'expiration du temps fixé, lorsqu'il a été fait par écrit, sans qu'il soit nécessaire de donner congé (*Art.* 1737 *du Code civil.*)

Les sous-officiers et gendarmes des légions pourvoient également à l'ameublement de leurs casernes. Ils peuvent toutefois recevoir la literie par les soins du Conseil d'administration de leur compagnie, qui exerce des retenues sur leur solde, sous l'approbation du Ministre de la guerre, jusqu'à l'entier paiement des fournitures.

Le gendarme qui a reçu la literie, d'après les dispositions des art. 101 et 102 du Réglement, ne peut en disposer, et, en cas de changement de résidence, il lui est tenu compte de la valeur de cet ameublement, s'il est encore susceptible de service dans la compagnie.

ART. 205.

Effets de couchage dus à la gendarmerie d'élite.

La gendarmerie d'élite a droit aux effets de couchage comme les autres troupes de la garde royale.

ART. 206.

Lits militaires fournis aux volt. corses.

Les militaires du bataillon des voltigeurs corses reçoivent les fournitures de literie aux frais de l'administration de la guerre et par les soins de l'entreprise générale des lits militaires.

ART. 207.

Effets de campement et d'équipement aux gendarmes près des ateliers de condamnés.

Les sous-officiers et gendarmes des légions, qui sont détachés près des dépôts et ateliers de condamnés, ont droit aux effets de campement, d'équipement et autres fournitures, telles qu'elles sont accordées aux militaires campés. Les effets de couchage sont fournis par les soins du Ministre de la guerre et par le service des lits militaires.

SECTION III. — GÎTE ET GEÔLAGE.

ART. 208.

Outre les prestations en nature indiquées dans les articles précédens, la gendarmerie a droit, dans toutes ses positions d'activité, aux prestations de gîte et geôlage.

ART. CCVII.

V. les art. 71, 187 et 189 de ce réglement.

ART. CCVIII.

Les états relatifs au gîte et geôlage des militaires sont soumis au visa des officiers de gendarmerie (*Instr. de février* 1818, Journ. milit., p. 154.)

La tenue des registre d'écrou des militaire est soumise à la surveillance et à la vérification des commandans de gendarmerie (*Même instruction*, p. 171.)

TARIF DE LA SOLDE, DES INDEMNITÉS ET ABONNEMENS DE LA GENDARMERIE.

OFFICIERS.

GRADES.	SOLDE DE PRÉSENCE. PAR AN.	PAR MOIS.	PAR JOUR.	SOLDE D'ABSENCE, PAR JOUR. en congé.	à l'hôpital ou aux eaux.	en détention.	en captivité.	Indemn. p. les serv. extr. per. d. l'int. ou aux arm.	INDEMNITÉS pour revues et tournées, et frais de bureau des trésoriers *	Indemnités de logement aux officiers non logés dans les bâtimens publ. ou casernes de la gend. ** par an	par mois	par jour.	ABONNEMENT de fourrages. Nombre de rat. journal. allouées à chaque grade	***
	f. c.	f. c. m.	f. c. m.	f. c. m.	f. c. m.	f. c. m.	f. c. m.	f. c.	f.	f. c.	f. c.	f. c. m.		
GENDARMERIE D'ÉLITE.														
Colonel	8,000 »	666 66 66	22 22 22	11 11 11	19 22 22	7 40 74	11 11 11	5 »	1500 de revues	900 »	75 »	2 50 »	4	
État-Major. Chef d'esc. remplissant les fonct. de Major	5,200 »	433 33 33	16 11 11	8 05 55	13 11 11	5 37 03	8 05 55	4 »	»	720 »	60 »	2 » »	3	
État-Major. Capit. adjud.-Maj.	4,400 »	366 66 66	12 22 22	6 11 11	10 22 22	4 07 40	6 11 11	3 »	»	324 »	27 »	» 90 »	2	
État-Major. Capit.-Trés.	4,400 »	366 66 66	12 22 22	6 11 11	10 22 22	4 07 40	6 11 11	3 »	300 p. an de fr. de bureau.	324 »	27 »	» 90 »	2	
État-Major. Aumônier	4,000 »	333 33 33	11 11 11	6 11 11	10 22 22	4 07 40	6 11 11	3 »	»	324 »	27 2	» 90 »	»	
État-Major. Chir. Aide-Major	2,750 »	229 16 66	7 63 88	3 81 94	6 43 88	2 54 62	3 81 94	2 50		216 »	18 »	» 60 »	1	
Escad. Capit. command.	4,400 »	366 66 66	12 22 22	6 11 11	10 22 22	4 07 40	6 11 11	3 »	100 p. tournées	324 »	27 »	» 90 »	2	
Escad. Lieutenant	2,700 »	225 » »	7 50 »	3 75 »	6 » »	2 50 »	3 75 »	2 50	»	216 »	18 »	» 60 »	2	
GENDARMERIE DES DÉPART.														
Chefs de la 1re Légion	7,400 »	616 66 66	20 55 55	10 27 77	17 55 55	6 85 18	8 33 33	5 »	1000 p. départ. parcouru	1440	120 »	4 » »	3	
Chefs des autres Lég.	6,000 »	500 » »	16 66 66	8 33 33	13 66 66	5 55 55	8 33 33	5 »		960 »	80 »	2 66 6	3	
Compagnie de la Seine.														
Chef d'Esc. commandant	5,500 »	458 33 33	15 27 77	7 63 88	12 27 77	5 09 25	6 20 83	4 »	150 par tournée	1080 »	90 »	3 »	2	
Capitaine-Trésorier	3,300 »	275 » »	9 16 66	4 58 33	7 16 66	3 05 55	3 75 »	3 »	300 p. an de frais de bureau	540 »	45 »	1 50 »	2	
Lieutenant	2,550 »	212 50 »	7 08 33	3 54 16	5 58 33	2 26 11	2 70 83	1 50	50 par tournée	360 »	30 »	1 »	1	
Compag. des Départemens.														
Chef d'Esc. commandant	4,470 »	372 50 »	12 41 66	6 20 83	9 41 66	4 13 88	6 20 83	4 »	150 par tournée	720 »	60 »	2	2	
Capitaine commandant	2,700 »	225 » »	7 50 »	3 75 »	5 50 »	2 50 »	3 75 »	3 »	id.	360 »	30 »	1 »	2	
Lieutenant	1,950 »	162 50 »	5 41 66	2 70 83	3 91 66	1 80 55	2 70 83	2 50	50 par tournée	240 »	20 »	» 66 66	1	
Trésor. Capitaine	2,700 »	225 » »	7 50 »	3 75 »	5 50 »	2 50 »	3 75 »	3 »	300 p. an de fr. de bureau	360 »	30 »	1 »	2	
Trésor. Lieutenant	1,950 »	162 50 »	5 41 66	2 70 83	3 91 66	1 80 55	2 70 83	2 50		360 »	30 »	1 »	1	
BATAILLON DE VOLT. CORSES.														
État-Major. Ch. de Bat. comm.	4,470 »	372 50 »	12 41 66	6 20 83	9 41 66	4 13 88	6 20 83	»	»	720 »	60 »	2 »	2	
État-Major. Capit. Adjud.-Maj.	2,700 »	225 » »	7 50 »	3 75 »	5 50 »	2 50 »	3 75 »	»	»	360 »	30 »	1 »	1	
État-Major. Trésorier	1,950 »	162 50 »	5 41 66	2 70 83	3 91 66	1 80 55	2 70 83	»	300 p. an de frais de bureau	360 »	30 »	1 »	»	
État-Major. Aide Major	1,650 »	137 50 »	4 58 33	2 29 16	3 33 33	1 52 77	2 29 16	»	»	240 »	20 »	» 66 66	1	
Comp. Capitaine	2,700 »	225 » »	7 50 »	3 75 »	5 50 »	2 50 »	3 75 »	»	»	360 »	30 »	1 »	1	
Comp. Lieutenant	1,950 »	162 50 »	5 41 66	2 70 83	3 91 66	1 80 55	2 70 83	»	»	240 »	20 »	» 66 66	»	
Comp. Sous-Lieutenant	1,650 »	137 50 »	4 58 33	2 29 16	3 33 33	1 52 77	2 29 16	»	»	240 »	20 »	» 66 66	»	

OBSERVATIONS.

* L'indemnité pour la revue annuel du chef de la légion en corse est de 400 fr.

L'indemnité pour la tournée administ. des colonels est de 200 f. par légion : elle n'est pas due aux colonels de la gend. d'élite et de la légion de la corse, ni aux command. du bataillon de voltig. corses.

Il est accordé pour le maréchal-des-logis qui aide le trésor. de la gend. de la corse 300 fr. de frais de bureau.

L'officier de santé, chargé de soigner à domicile les s.-officiers et gend. de la comp. de la Seine, reçoit sur les fonds de déplacement une indemn. annuelle de 1200 f.

** L'indemnité d'ameubl. due seulement aux officiers de la gendarmerie d'élite, quand ils seront logés sans meubles, est fixée ainsi :

Colonel...300 f.
Chef d'esc. 240
Capitaine. 162
Lieuten....108
par an.

*** Les officiers de la gend. des départ. sont payés, pour les fourrages, d'après les prix communs déterm. tous les ans pour chaque comp.

La gend. d'élite reçoit les fourrages en nature des magasins militaires.

Les lieutenans et sous-lieutenans du bataillon de voltig. corses n'ont pas droit à l'abonnement.

Les indemnités pour frais de prévôté sont réglés, savoir :

PAR MOIS.
200 f. aux grands-prévôts ;
150 aux prévôts ;
100 aux lieut.-greffiers des gr.-prévôts ;
60 aux m.-des logis, greffiers des prévôts.

TARIF DE LA SOLDE, DES INDEMNITÉS ET ABONNEMENS DE LA GENDARMERIE.

SOUS-OFFICIERS ET GENDARMES.

	GRADES.	SOLDE DE PRÉSENCE*, y compris la portion pour la masse individuelle de Compagnie. PAR AN.	PAR MOIS.	PAR JOUR.	SOLDE D'ABSENCE, PAR JOUR. en congé aux hôpitaux ou aux eaux.	en détention.	en captivité.	Indemnité de service extraordin. et de découcher, par journée. dans l'intér.	aux armées.	ABONNEMENT de secours, d'entretien et de Remonte par homme, au complet de la troupe. PAR AN. Fonds de sec. et dépenses administratives	Fonds d'entretien et de remonte	TOTAL de l'abonnem. de remonte et de secours par mois	Premières mises d'habillement aux nouveaux admis	Abonn. de fourrages. **	OBSERVATIONS.
	GENDARMERIE D'ÉLITE.	f. c.	f. c. m.	f. c. m.	f. c. m.	f. c. m.	f. c. m.	f. c.	f. c.						* La solde des sous-officiers et gend. est calculée et payable, par mois, à raison de la 12e partie de la fixation annuelle ; et par jour, à raison de la 360e partie.
Petit Etat-Major.	Adjudant-Sous-Officier	,800 »	150 » »	5 » »	2 50 »	1 66 66	2 50 »	1 »	1 25						** Les sous-officiers et gend. reçoiv. avec la solde, les indemn. de fourrages, d'après les prix déterminés chaque année par brigade.
	Maréchal-Vétérinaire	,500 »	125 » »	4 16 66	2 08 33	1 38 88	2 08 33	» 80	1 »						
	Trompette-Brigadier	,300 »	108 33 33	3 61 11	1 80 55	1 20 37	1 80 55	» 60	» 80	f. c.	f. c.	f. c. m.	f. c.		
Escad.	Maréchal-des-logis Chef	,500 »	125 » »	4 16 66	2 08 33	1 38 88	2 08 33	» 80	1 »	15 »	60 »	6 25 »	400 »		
	Maréchal-des-logis	,400 »	116 66 66	3 88 88	1 94 44	1 29 62	1 94 44	» 70	» 90						
	Fourrier	,400 »	119 66 66	3 88 88	1 94 44	1 29 62	1 94 44	» 70	» 90						
	Brigadier	,300 »	108 33 33	3 61 11	1 80 55	1 20 37	1 80 55	» 60	» 80						
	Gendarmes et Trompette	970 »	80 83 33	2 69 44	1 34 72	» 89 81	1 34 72	» 50	» 70						
	GENDARMERIE DES DÉPARTEMENS.														
	Compagnie de la Seine.														
à cheval.	Maréchal-des-logis	1,395 »	116 25 »	3 87 50	1 93 75	1 29 16	1 43 79	» 70	» 90						
	Brigadier	1,295 »	107 91 66	3 59 72	1 79 86	1 19 90	1 29 86	» 60	» 80	15 »	20 »	2 91 66	800 »		
	Gendarme et Trompette	965 »	80 41 66	2 68 05	1 34 02	» 89 35	1 » »	» 50	» 70						
à pied.	Maréchal-des-logis	960 »	80 » »	2 66 66	1 33 33	» 88 88	1 04 16	» 60	» 70						
	Brigadier	860 »	71 66 66	2 38 88	1 19 44	» 79 62	» 90 27	» 50	» 60	15 »	10 »	2 98 20	150 »		
	Gendarme et Tambour	720 »	60 » »	2 » »	1 » »	» 66 66	» 76 38	» 40	» 50						
	Compagnie des autres Départ.														
à cheval.	Maréchal-des-logis	1,035 »	86 25 »	2 87 50	1 43 75	» 95 83	1 43 75	» 70	» 90						
	Brigadier	935 »	77 91 66	2 59 72	1 29 86	» 86 57	1 29 86	» 60	» 80	15 »	20 »	2 91 66	300 »		
	Gendarme et Trompette	715 »	59 58 33	1 98 61	1 » »	» 66 20	1 » »	» 50	» 70						
à pied.	Maréchal-des-logis	750 »	62 50 »	2 08 33	1 04 16	» 69 44	1 04 16	» 60	» 70						
	Brigadier	650 »	54 16 66	1 80 55	» 90 27	» 60 18	» 90 27	» 50	» 60	15 »	10 »	2 08 20	150 »		
	Gendarme et Tambour	550 »	45 83 33	1 52 77	» 76 38	» 50 92	» 76 38	» 40	» 50						
	BATAILLON DE VOLTIGEURS CORSES.														
Petit Etat-Major.	Adjudant-Sous-Officier	1,000 »	83 33 33	2 77 77	1 38 88	» 92 59	1 38 38	»	»						
	Caporal-Clairon	650 »	54 16 66	1 80 55	» 90 27	» 60 18	» 90 27	»	»						
	Maîtres armurier	750 »	62 50 »	2 08 33	1 04 16	» 69 44	1 04 16	»	»						
	Maîtres tailleurs	550 »	45 83 33	1 52 77	» 76 38	» 50 92	» 76 38	»	»						
	Maîtres cordonnier	550 »	45 83 33	1 52 77	» 76 38	» 50 92	» 76 38	»	»	»	»	»	150 »		
Comp.	Sergent-Major	850 »	70 83 33	2 36 11	1 18 05	» 78 70	1 38 05	»	»						
	Sergent	750 »	62 50 »	2 08 33	1 04 16	» 69 44	1 04 16	»	»						
	Fourrier	650 »	54 16 66	1 80 55	» 90 27	» 60 18	» 90 27	»	»						
	Caporal	650 »	54 16 66	1 80 55	» 90 27	» 60 18	» 90 27	»	»						
	Voltigeur ou clairon	550 »	45 83 33	1 52 77	» 76 38	» 50 92	» 76 38	»	»						

SECONDE PARTIE.

COMPTABILITÉ DE LA SOLDE ET DE SES ACCESSOIRES.

TITRE Ier. — DES RÈGLES POUR LES PAIEMENS.

CHAPITRE Ier. — *Des époques des paiemens et du décompte des allocations.*

ART. 209.

Les traitemens de tout grade dans la gendarmerie sont payés par mois.

La solde des officiers, sous-officiers et gendarmes, ainsi que les indemnités diverses et les abonnemens spéciaux de la gendarmerie, sont payés par mois, à terme échu. Les allocations, suivant leur espèce particulière, sont calculées d'après l'effectif des corps et compagnies, constatées comme il est expliqué au chapitre II, ou d'après le complet déterminé par les ordonnances d'organisation.

ART. 210.

La solde est décomptée à raison de 360 jours par an.

La solde se décompte, pour tous les militaires de l'arme, par mois, à raison de la 12e partie de la fixation annuelle; et, par jour, à raison de la 360e partie de la même fixation

Le décompte des journées de solde d'hôpital est établi, pour les officiers, sous-officiers et gendarmes, sur le pied de trente jours par mois. En conséquence, le 31e jour passé à l'hôpital ne donne pas lieu au rappel de cette solde.

Les journées à ajouter au mois de février pour compléter le nombre de trente se décomptent sur le pied de la solde fixée pour la position dans laquelle se trouve l'officier, sous-officier et gendarme, au dernier jour de ce mois.

ART. 211.

Indemnité de service extraordinaire; comment décomptée.

Les indemnités supplémentaires de solde pour les services extraordinaires accidentels, ou d'une durée périodique, se décomptent à raison de leur fixation journalière et du nombre effectif de jours donnant droit aux allocations.

Lorsque ces indemnités n'ont pu être acquittées avec la solde du mois pendant lequel les services ont eu lieu, par suite de retards forcés par la production des pièces justificatives des droits, elles sont portées sur les états de solde de l'un des deux mois qui suivent, et sans que les rappels puissent être faits après cet intervalle, à moins d'une décision du ministre.

ART. CCIX.

La solde et accessoire est payée aux officiers et hommes présens au chef-lieu, du 1er au 2 de chaque mois. Elle est envoyée sans frais le même jour à chaque commandant de lieutenance par le trésorier, avec des états qu'il a dressés pour chaque commandant de brigade, au moyen de ceux des mutations qui lui sont parvenus, et sur le montant desquels il précompte la somme des retenues qui doivent être effectuées (*Circ. du* 3 *déc.* 1808, *instructions sur les inspections générales du* 29 *juin* 1834, Journ. milit., p. 380; *arrêté du* 8 *floréal an* 10, *et la circ. du* 10 *vend. an* 12.)

La solde est ordinairement envoyée à chaque commandant de lieutenance par le moyen de mandats des receveurs généraux sur les receveurs particuliers d'arrondissement (*Circul. du* 13 *déc.* 1833.) Après l'avoir reçue, les lieutenans l'envoient aux brigades avec les états à émarger, et font le renvoi au trésorier de ces états, comme de toutes les autres pièces de dépense, aussitôt qu'ils les ont réunies.

ART. 212.

Décompte des autres indemnités et des abonnemens.

Les indemnités de revues et de tournées périodiques sont payées avec la solde du mois pendant lequel s'est faite la justification du service d'inspection exécutée par les officiers, dans les compagnies et brigades, aux époques relatées dans les articles 107 et 109 du présent réglement, ou déterminées par le ministre pour les cas extraordinaires.

Si les tournées, par des causes de service, n'avaient pu être achevées dans le cours du mois assigné par le réglement, cette circonstance ne motiverait point de rejets de paiement.

ART. 213.

Les frais de bureau sont alloués sans réduction sur le mois échu, pour les journées pendant lesquelles les emplois de trésoriers seraient restés vacans. Les sous-officiers chargés momentanément des détails de ces emplois, reçoivent l'indemnité pour ces journées.

ART. 214.

L'indemnité de logement des officiers se paie par mois, à raison de la 12e partie de sa fixation annuelle, dans toutes les positions de service, ainsi qu'il est expliqué à l'art. 97, et pendant la durée des détentions temporaires; mais elle se décompte par quinzaine, du 1er au 15, et du 16 au dernier jour de chaque mois, dans le cas de changement de corps ou de compagnie, et lors de la cessation d'activité.

Elle est calculée par jour, pour le premier mois de service des officiers admis dans l'arme.

ART. 215.

L'abonnement de fourrages est calculé par jour, suivant le prix de la ration par département, et comme il est énoncé par l'art 146.

ART. 216.

L'abonnement pour l'entretien et la remonte, et pour les secours annuels, est payé d'après la fixation mensuelle des deux fonds réunis, et conformément aux art. 135 et 136.

ART. 217.

Les gratifications de première mise d'habillement sont acquittées, d'après les fixations du tarif de la gendarmerie, avec solde du mois pendant lequel la décision du ministre de la guerre, pour autoriser le paiement, a été notifiée aux corps et compagnies.

ART. 218.

Les indemnités représentatives de vivres et de liquides, dans les cas particuliers où elles peuvent être accordées à la gendarmerie, sont décomptées à raison du nombre effectif de journées, et payées avec la solde sur les fonds de l'arme.

CHAPITRE II. — *Du mode de Paiement.*

SECTION Ire. — DES ÉTATS DE PAIEMENS.

ART. 219.

Établissement de ces états.

Les états d'effectif pour le paiement de la solde sont dressés à l'expiration de

Art. CCXIX.

Les états de paiement sont acquittés par les parties prenantes, à la date précise des paiemens (*Circ. du* 29 *déc.* 1836, Journ. milit., p. 416.)

chaque mois, au titre de chaque corps, compagnie ou force publique, conformément au modèle n° 1er.

Ces états comprennent les officiers et la troupe. Les officiers y sont désignés nominativement et par rang de grade; on porte numériquement les sous-officiers et gendarmes suivant l'arme et le grade.

Les augmentations ou diminutions de l'effectif de la troupe, résultant des mutations survenues dans le mois, donnent lieu à l'inscription nominative, par arme, des hommes qui ont éprouvé les mutations ou mouvemens.

ART. 220.

Les journées de solde, inscrites suivant leur espèce dans les états, sont totalisées par grade pour les officiers; et par arme, avec la dictinction des grades, pour les sous-officiers et gendarmes.

Les indemnités diverses et les abonnements sont portés dans les mêmes états et par des articles séparés.

Le décompte en deniers est établi, dans une colonne à la suite des journées, pour chaque espèce d'allocation; il est terminé par l'inscription des sommes à ajouter ou à déduire, d'après des motifs particuliers.

ART. 221.

Les états portent mandat de paiement et quittance.

Les états de paiement présentent, en tête, l'annotation du département ou de l'armée où ils doivent être acquittés, et de la revue sur laquelle ils doivent être imputés. Ils sont faits en double expédition, dont une portant quittance, et l'autre, déclaration de quittance, et ils sont quittancés par tous les membres du Conseil d'administration, ou par les officiers commandant les détachemens qui n'ont point de Conseil d'administration.

Les sous-intendans ordonnancent ces états, et les mandats sont expédiés au titre de chaque corps, compagnie, force publique ou détachement, pour être payés au Conseil d'administration, entre les mains du trésorier, ou du sous-officier légalement autorisé à en recevoir le montant

ART. 222.

Chaque corps ou compagnie n'établit qu'un seul état de paiement.

Il n'est fait qu'un seul état de paiement pour chaque corps ou compagnie, lors même que les arrondissemens respectifs de service embrasseraient plusieurs départemens. Cette disposition s'applique aux compagnies des ports et arsenaux, pour les postes répartis dans les quartiers maritimes, et à la gendarmerie d'élite, pour ses détachemens dans les résidences royales.

ART. 223.

Il n'est fait également qu'un seul état de paiement pour chaque force publique d'une armée; mais si des portions de cette force ne se trouvaient pas dans l'arrondissement du même payeur, il serait dressé des états de paiement pour chacune de ces portions, en faisant mention de la revue sur laquelle ils doivent être imputés.

ART. 224.

Les rassemblemens et forces publiques dans l'intérieur établissent leurs états de paiement, suivant l'organisation distincte qu'ils reçoivent.

ART. 225.

Cas particuliers d'inscription des officiers et autres militaires sur les états.

Les chefs de légion sont portés dans les états de solde des compagnies des départemens où il résident; et les officiers supérieurs, grand-prévôts ou prévôts, dans les états de paiement de la force publique affectée à l'arrondissement d'armée où ils exercent leurs fonctions.

ART. 226.

Les militaires admis provisoirement au service de l'arme, par les compagnies, sont compris nominativement à la suite des états de paiement, dans un article spécial, jusqu'à la réception des lettres d'avis de leur nomination par le ministre.

ART. 227.

Lorsque des détachemens sont en service hors de l'arrondissement de leurs compagnies, les hommes sont portés numériquement, pour la solde et les autres allocations personnelles, à compter du jour du départ de leurs résidences, en un article distinct, dans les états de paiement des compagnies qui les administrent momentanément. Il peut être formé un état supplémentaire et spécial pour ces détachemens, si leur force le rend nécessaire.

Les compagnies, d'après le nombre des hommes qu'elles reçoivent comme détachés, obtiennent, en augmentation, la portion de l'abonnement destinée aux frais administratifs: celles qui ont fourni les hommes, en désignent le nombre, pour mémoire, suivant l'arme et le grade, dans leurs états de paiement.

ART. 228.

Paiement de la gendarmerie destinée pour les colonies.

Les détachemens de gendarmerie destinés pour le service des colonies, reçoivent, pendant le temps de leur formation dans les ports où ils doivent être embarqués, la solde et les accessoires de solde, ainsi que les avances en traversée, selon leur position, sur des états spéciaux de paiement établis par les compagnies maritimes dans l'arrondissement desquelles ils se rassemblent.

Les hommes de retour des colonies et administrés momentanément par les compagnies maritimes, dans les cas prévus par l'article 13, sont payés suivant les mêmes formes.

ART. 229.

Paiement des militaires de retour de captivité.

Les officiers sous-officiers et gendarmes rentrant de captivité sont compris, pour leur solde et les avances auxquelles il ont droit, sur les états de compagnies de gendarmerie de la frontière où ils arrivent. Les sous-intendans qui ordonnancent les états de paiement, en envoient une troisième expédition, comme états de mutations, aux sous-intendans ayant l'inspection des corps ou compagnies auxquels ces militaires appartiennent.

ART. 230.

Délégataires des officiers sous-officiers et gendarmes.

Toutss les dispositions prescrites par les réglemens du 9 mars 1823, pour les délégataires des hommes, aux colonies, en captivité, ou dans les positions de service à l'intérieur ou aux armées, sont applicables aux militaires de la gendarmerie.

ART. 231.

Suspension du paiement de la solde.

L'application du même réglement a lieu pour les cas de suspension de paiement de la solde et des autres prestations en deniers. Les familles des sous-officiers et gendarmes décédés doivent être payées des sommes qui seraient dues à ces militaires pour solde arriérée et accessoires de solde.

Art. CCXXVIII.

Par décisions des Ministres de la guerre et de la marine du 24 juin 1837, l'art. 228 ci-contre a été remplacé ainsi qu'il suit :

« Les détachemens de gendarmerie destinés pour le service des colonies, reçoivent, pendant le temps de la formation, la solde et les accessoires de solde, ainsi que les avances de traversée, selon leur position, sur des états spéciaux de paiemens établis par les compagnies de gendarmerie départementale dans la circonscription desquelles ils se rassemblent.

« Les hommes de retour des colonies, et administrés momentanément par les compagnies départementales, dans les cas prévus par l'art. 13, sont payés suivant les mêmes formes. »

SECTION II. — DES PIÈCES A L'APPUI DES ÉTATS DE PAIEMENT.

§ Ier — *Certificats de présence pour la Solde, et Situations mensuelles d'effectif.*

ART. 232.

Certificats de présence en service délivrés par les maires et par les commissaires de la marine, et situations mensuelles de l'effectif.

Les états de paiement des compagnies de gendarmerie des départemens doivent être appuyés de certificats de présence en service, délivrés par brigade, à l'expiration de chaque mois, et de l'état de situation mensuelle de l'effectif (modèles n° 2 et 2 *bis*). Dans les résidences où il y a plusieurs brigades, il peut n'être établi qu'un même certificat, en distinguant les hommes de chaque brigade. L'ordonnancement de états de paiement a lieu, lors même que la réunion des certificats de présence ne serait pas complète au 1er du mois; mais ces pièces doivent être produites en totalité par les Conseils d'administration dans le seul délai de cinq jours.

Les certificats sont remplis et signés par les commandans de brigades; et les maires ou adjoints des lieux de résidence y portent leurs attestations, après s'être assurés de la présence des hommes et des chevaux. Les noms des sous-officiers et gendarmes, le détail des mutations pendant le mois, sont exactement mentionnés dans ces pièces ainsi que l'effectif des chevaux et leurs mutations.

L'effectif de chaque brigade et poste de la gendarmerie des ports et arsenaux est constaté, conformément à l'art. 247 de l'ordonnance du 29 oct. 1820, par des certificats de présence, par des commissaires de marine ou autres agens chargés du service des quartiers maritimes. Leur visa remplace celui des maires.

Les maires, pour la gendarmerie des départemens, et les administrateurs de la marine, pour les compagnies des ports et arsenaux, inscrivent eux-mêmes les officiers dans les certificats des brigades du chef-lieu de compagnies ou de lieutenances, et font connaître s'ils sont pourvus d'un cheval d'escadron. Cette attestation de présence en service peut être faite également par les sous-préfets ou les sous-intendans militaires des lieux de résidence des officiers.

Si, par suite de l'omission des règles indiquées dans le présent article, les commandans de brigades avaient signé ou fait certifier des déclarations inexactes, ces militaires seraient poursuivis pour être jugés et punis, s'il y a lieu, conformément au code pénal militaire. Les officiers commandant de lieutenances, qui auraient négligé de déclarer la fausseté des déclarations que leurs tournées dans les brigades et les rapports de service les mettaient à même de découvrir, seraient soumis aux mêmes mesures de sévérité.

ART. 233.

Les certificats de presence doivent rester entre les mains des sous-intendans.

Les Conseils d'administration recueillent, par l'intermédiaire des commandans de lieutenance, les certificats de présence qui doivent rester entre les mains des sous-intendans chargés de la vérification des états de solde. Les lieutenans sont tenus, sous leur responsabilité, avant de transmettre ces pièces aux Conseils d'administration, de les parapher et d'y joindre, s'il est nécessaire, leurs observations sur la situation réelle des hommes et des chevaux.

ART. 234.

Justification de l'effectif pour la gendarmerie d'élite et pour les voltigeurs corses.

La gendarmerie d'élite stationnée à Paris, et ses détachemens en service dans les autres résidences royales, sont soumis aux mêmes règles que les corps de la garde pour les preuves de la présence à l'effectif des hommes et des chevaux.

ART. CCXXXII.

Les brigades du chef-lieu de département étant passées en revue mensuellement par les sous-intendans militaires, les certificats de présence de ces brigades et ceux d'autres brigades où résident les sous-intendans doivent être signés par eux et datés du jour de l'inspection qui doit avoir lieu le premier du mois qui suit celui expiré. En général, les fonctionnaires de l'ordre civil ne font que suppléer ceux de l'intendance militaire partout où ces derniers ne sont pas (*Instruction du 15 juillet* 1835, Journ. milit., p. 8; *circul. du 17 fév.* 1836, Journ. milit., p. 35.)

Les certificats de présence ne pouvant être délivrés qu'à l'expiration de chaque mois, ils doivent être signés et datés du dernier jour du mois.

Le modèle nº 2 est supprimé et remplacé par la situation G (*Circul. du 29 déc.* 1831, Journ. milit., p. 368.)

ART. 235.

La justification de l'effectif pour le bataillon des voltigeurs corses et pour les rassemblemens et forces publiques dans l'intérieur ou aux armées, a lieu d'après le mode suivi à l'égard des troupes de ligne, sauf le cas où la dissémination des hommes, dans les positions de service à l'intérieur, rend indispensables les attestations des maires, à l'expiration de chaque mois.

§ II. *Des pièces justificatives des droits aux indemnités et abonnemens.*

ART. 236.

Ordre de service et certificats de découchers.

Les indemnités supplémentaires de solde pour service extraordinaire accidentel des officiers, sous-officiers et gendarmes, sont portés dans les états de paiement, sur la production des ordres de service des chefs de l'arme ou des réquisitions légales des autorités civiles et militaires, accompagnées des preuves que les déplacemens ont eu lieu.

Les découchers des sous-officiers et gendarmes sont constatés au bas des ordres de service (modèle n° 3) par les maires ou adjoints des lieux où les hommes sont envoyés. Lorsque des circonstances particulières n'ont pas permis le retour à la résidence, dans le temps fixé par l'ordre, ces maires ou adjoints certifient que les découchers ont été obligés, soit par l'heure ou la distance, soit par la nature du service commandé. Si la mission avait eu lieu près d'un fonctionnaire civil ou militaire, il en attesterait l'exécution.

Les déplacemens et découchers de la gendarmerie des ports et arsenaux sont certifiés par les commissaires de marine ou autres agens dans les quartiers maritimes.

Les lieutenans dans les légions doivent revêtir de leur visa les ordres de découchers avant de les adresser au commandant de la compagnie.

ART. 237.

Le service extraordinaire d'une durée périodique, à l'intérieur, et notamment pour la garde des dépôts de condamnés aux travaux publics ou au boulet, est justifié par les situations mensuelles des commandans des détachemens, visées, soit par les lieutenans de Roi, soit par les maires. Il est tenu, en outre, des contrôles particuliers pour les mutations et mouvemens des hommes dans leurs postes provisoires.

La présence aux armées constitue un droit permanent à l'indemnité de service extraordinaire.

ART. 238.

Les Conseils d'administration doivent remettre aux sous-intendans militaires, avec les pièces justificatives de tous les services extraordinaires, un état récapitulatif des indemnités dues pendant le mois aux officiers, sous-officiers et gendarmes, et relatant, d'après le modèle n° 3 *bis*, les diverses circonstances du déplacement de chacun, les états de service et les chefsou les autorités quiont donné les ordresou fait les réquisitions.

Un semblable état est dressé par trimestre pour être joint à la feuille de journées.

ART. CCXXXVI.

Partout où réside un sous-intendant militaire, les découchers des sous-officiers et gendarmes sont constatés par lui, au lieu de l'être par les maires et adjoints (*Instr. du* 15 *juillet* 1835, Journ. milit., p. 8; *circulaire du* 17 *fév.* 1836, Journ. milit., p. 35.)

ART. CCXXXVII.

Partout où réside un sous-intendant militaire, les situations mensuelles sont visées par lui au lieu de l'être par les commandans de place ou les maires (*Instr. du* 15 *juill.* 1835, Journ. mil., p. 8; *circ. du* 17 *fév.* 1836, Journ. mil., p. 35.)

ART. CCXXXVIII.

L'état trimestriel indiqué au 2e § de l'article ci-contre est supprimé (*Décision ministér. du* 16 *janv.* 1832, Journ. milit., p. 18.)

Art. 239.

Feuilles itinéraires de revues et de tournées.

La justification du service des revues et tournées des officiers a lieu par la production des feuilles itinéraires, conformes aux deux modèles n° 4. Ces feuilles portent, pour chaque résidence inspectée, en exécution de l'art. 113 du présent réglement, le visa d'arrivée, donné par les préfets, sous-préfets ou maires et adjoints, devant lesquels les officiers sont tenus de se présenter. Dans les compagnies des ports et arsenaux, les feuilles de tournées sont visés par les commissaires et agens de la marine dans leurs arrondissemens respectifs.

Ces attestations sont datées et signées sans intervalle dans les cases disposées à cet effet.

Les Conseils d'administration dressent chaque mois l'état des frais de revues et de tournées, suivant le modèle n° 4 *bis*, et d'après le relevé des feuilles itinéraires qui doivent y être jointes. Un état semblable pour les paiemens effectués pendant le trimestre, est vérifié, visé et arrêté par le sous-intendant militaire, qui en annexe une ampliation à la revue générale.

Art. 240.

Certificats de non logement des maires et sous-préfets.

L'indemnité de logement ne devant être accordée qu'à défaut ou en cas d'insuffisance de logemens en nature, à la disposition des départemens, les officiers doivent fournir, à l'expiration de chaque trimestre, pour les paiemens mensuels qui leur ont été faits, des certificats délivrés par les maires et visés par les préfets ou sous-préfets, constatant que les autorités administratives n'ont pu pourvoir à leur logement dans les casernes des brigades ou dans tous autres bâtimens civils, et que ces officiers ont été obligés de se loger en ville à leurs frais.

Les officiers de la gendarmerie des ports et arsenaux qui n'ont pu être logés dans les bâtimens de l'administration de la marine, ou dans ceux de l'administration départementale, produisent de semblables certificats signés, suivant l'une ou l'autre position, par les maires ou par les commissaires et agens de la marine.

Lorsque les brigades de gendarmerie sont placées dans les bâtimens militaires, les certificats de non logement des officiers sont délivrés par les officiers du génie militaire, à moins que les bâtimens n'aient été concédés aux départemens à charge de les entretenir.

Les certificats de non logement pour la gendarmerie des légions doivent être conformes au modèle n° 5, et sont accompagnés d'un relevé nominatif des officiers qui ont droit à l'indemnité mensuelle. Ce relevé (modèle n° 5 *bis*) est établi par trimestre pour être joint aux revues.

Art. 241.

L'indemnité d'ameublement pour la gendarmerie d'élite ne peut être allouée que sur un certificat de l'entrepreneur ou garde-magasin des lits militaires de la garde royale, revêtu du visa du sous-intendant, et attestant que les meubles n'ont pu être fournis des magasins militaires.

Art. 242.

La situation d'effectif règle les allocations des abonnemens de fourrages et de remonte des légions.

Les certificats de présence délivrés par les maires ou les agens de la marine, et la situation mensuelle d'effectif en hommes et en chevaux, indiqué à l'art. 232, servent pour régler l'allocation de l'abonnement de fourrages, dans les états de paiement des compagnies des légions. Un état de situation et de consommation des fourrages, ainsi que de la depense (modèle n° 6), doit être fourni tous les trois mois par les Conseils d'administration, pour être joint aux revues.

ART. CCXXXIX.

Partout où il existe un sous-intendant militaire, les feuilles itinéraires individuelles des officiers doivent être soumises à son visa au lieu de l'être à celui du préfet, sous-préfet, maire ou adjoint (*Instr. du* 15 *juill.* 1835, Journ. milit., p. 8, *et la circulaire du* 17 *février* 1836, militaire, Journ. milit., p. 35.)

ART. CCXL.

Les certificats de *non logement* continueront d'être délivrés par les maires et visés par les préfets ou sous-préfets; mais si les sous-intendans militaires estiment que, sans nuire au bien-être des sous-officiers et gendarmes, une nouvelle assiette du casernement peut offrir les moyens de mettre à la disposition d'un officier, le logement dont la composition est déterminée par l'art. 198 de ce réglement, ils font parvenir au Ministre de la guerre un rapport spécial à ce sujet, par l'intermédiaire de M. l'intendant militaire de la division (*Circul. du* 17 *fév.* 1836, Journ. milit., p. 35).

ART. CCXLII.

Les certificats mensuels de présence et les états de situation et de consommation de fourrages, doivent toujours être datés du premier du mois suivant celui pour lequel ils ont été établis.

L'état de situation de consommation de fourrages, modèle n° 6, est supprimé, il est remplacé pas l'état modèle n° 3, adressé mensuellement au sous-intendant militaire (*Circulaire du* 1er *août* 1831, Journ. milit., *p.* 107; la même circulaire donne sous le n° 2, le modèle du compte annuel de dépense du service des fourrages, qui doit être établi et parvenir au ministre avant le 1er avril de chaque année pour l'exercice précédent, *circulaire du* 1er *août* 1831.)

L'allocation de l'indemnité représentative d'un franc par ration, pour le remboursement de la dépense des fourrages, aux officiers, sous-officiers et gendarmes voyageant avec leurs chevaux, a lieu sur la production des feuilles de route, prescrites à l'art. 154.

Le corps de la gendarmerie d'élite, pour l'effectif des chevaux des officiers, sous-officiers et gendarmes, est soumis aux mêmes justifications que les corps de la garde royale.

ART. 243.

L'abonnement d'entretien, de remonte et de secours pour la gendarmerie des départemens et des ports et arsenaux, est allouée d'après la situation mensuelle d'effectif (modèle n° 2 *bis*), qui doit porter le nombre exact des brigades existantes en service dans chaque département et arrondissement maritime. Les postes ou brigades temporaires ne peuvent être comptés dans le nombre des brigades dont la création est définitive.

Il est dressé par trimestre un relevé du nombre des brigades avec leur emplacement (modèle n° 7), pour être joint aux revues.

Le complet de la troupe, déterminé par les ordonnances d'organisation pour les autres corps et forces publiques de gendarmerie, règle l'allocation de cet abonnement.

ART. 244.

États approuvés par le Ministre pour les premières mises d'habillement et avances de 400 *fr*.

Les premières mises d'habillement sont portées dans les états de paiement, d'après les propositions soumises au Ministre par trimestre, ainsi qu'il est statué par l'article 124, et de manière que les décisions d'allocation puissent être notifiées avant la clôture des revues (modèle n° 8.) Les états de proposition sont renvoyés aux Conseils d'administration par l'intermédiaire des intendans militaires, qui doivent y mentionner la décision ministérielle pour autoriser le paiement. Un relevé de ces allocations est fourni, à l'appui des revues, dans la même forme que les états de proposition.

Les avances de 400 fr. sur les fonds de solde accordées conformément au 2e paragraphe de l'art. 140, sont comprises également dans les états de solde, d'après les états de proposition soumis au visa des sous-intendans et adressés au Ministre par les Conseils d'administration. Ces envois se font par trimestre, et les états doivent être conformes au modèle n° 8 *bis*.

Les autorisations pour les avances sur les fonds d'abonnement de remonte motivent l'envoi, d'après le même mode, de semblables états de proposition au Ministre.

ART. 245.

États dressés pour les gratifications d'entrée en campagne et les indemnités pour pertes de chevaux et d'effets des officiers.

Les lettres de service des officiers de gendarmerie appelés aux armées, font mention de la décision qui leur accorde la gratification d'entrée en campagne. Sur la production de ces pièces, il est dressé un état nominatif des officiers, relatant leurs grades, la somme qu'ils doivent toucher et la date de la décision ministérielle.

Des états semblables sont formés, d'après les décisions spéciales du Ministre de la guerre, pour les indemnités de pertes de chevaux et d'effets des officiers, soit à l'intérieur, soit à l'armée.

Art. CCXLIII.

La situation n° 2 est remplacée par la situation modèle n° 1, G (*Circ. du 29 déc.* 1831, Journ. milit., p. 368.)

Le relevé du nombre des brigades a été supprimé. Il suffit d'indiquer sur les feuilles de journées, à la suite du titre des brigades qui y figurent pour la première fois, la date des ordres du Ministre en vertu desquels elles auront été formées (*Circul. du 16 janv.* 1832, Journ. milit., p. 18.)

Art. CCXLIV.

Les états de proposition sont supprimés, le relevé par trimestre est seul établi.

Les premières mises se perçoivent maintenant avec la solde sur l'état d'effectif qui suit la date d'admission du gendarme. Les avances de 400 fr. sont supprimées. La masse de compagnie pourvoie aux besoins des gendarmes, sauf remboursement (*Circ. du 10 janv.* 1831, Journ. milit., p. 149.)

SECTION III. — DES LIVRETS DE SOLDE.

Art. 246.

La solde est payée sur des livrets collectifs.

Les corps et compagnies, ainsi que les forces publiques et détachemens de gendarmerie autorisés à percevoir directement leur solde à la caisse des payeurs, sont pourvus de livrets collectifs de paiement conformes au modèle n° 9.

Ces livrets portent l'inscription de toutes les sommes payées pour solde, indemnités, abonnemens et autres prestations en deniers de toute espèce. L'inscription est faite par le payeur lui-même pour les sommes qu'il acquitte ; et le Conseil d'administration fait inscrire en un seul article, par le trésorier, les autres recettes provenant de fonds spéciaux qui ne sont pas à la disposition du Ministre de la guerre.

Art. 247.

Toutes les parties d'un corps ou d'une compagnies n'ont qu'un livret.

Il n'y a qu'un seul livret de paiement pour toutes les parties d'un corps ou d'une compagnie, lors même que les stations ou postes de chacun s'étendraient dans plusieurs départemens.

Les livrets portent en tête l'indication de l'année pour laquelle ils doivent servir, les noms des commandans des corps, compagnies ou détachemens, et les noms et grades des comptables autorisés à percevoir les fonds des caisses du trésor.

Art. 248.

Formalités pour la validité des livrets.

Pour la validité des livrets, les sous-intendans y apposent leur signature et leur cachet, après en avoir coté et paraphé tous les feuillets : les livrets sont ensuite signés par les membres du Conseil d'administration, ou par l'officier commandant, suivant le cas.

Art. 249.

Renouvellement des livrets.

Les livrets sont renouvelés tous les ans; et les corps et compagnies doivent se procurer ceux qui leur sont nécessaires. Les frais en sont acquittés sur la portion du fonds de secours destinée aux dépenses administratives.

Les sous-intendans militaires indiquent, sur les nouveaux livrets, les sommes qui restent dues par suite de droits acquis et constatés, ainsi que les retenues ordonnées sur la solde, et qui ne sont pas encore entièrement effectuées.

Les anciens livrets restent dans les archives des corps et compagnies, comme pièces comptables, pour être représentés lors des vérifications de comptabilité. Ceux des forces publiques dissoutes sont déposées, avec les autres papiers d'administration, dans les compagnies de l'intérieur où s'opère la liquidation définitive des comptes de ces forces publiques.

Art. 250.

Les dispositions du réglement du 19 mars 1823, pour le cas de perte de livrets, sont applicables à la gendarmerie.

Art. CCLXVI.

Le livret de solde doit également présenter l'inscription de toute recette effectuée relative aux indemnités, gratifications, part d'amendes et saisies, etc., acquises à la gendarmerie. Ces sommes sont successivement portées en recettes et en dépenses au registre de caisse et au journal du trésorier, sauf répartition de ces sommes entre les sous-officiers et gendarmes ne redevant rien aux caisses, ou versement à la masse de la moitié de celles qui reviendraient aux gendarmes débiteurs (*Circ. des* 15 *sept.* 1831, Journ. milit., p. 187, 10 *mars* 1833, Journ. milit., p. 149, 6 juin 1835, *Journ. milit.*, p. 195, et la note ministérielle du 4 mars 1839, *Journ. milit.*, p. 87, portant que la retenue de deux pour cent exercée au profit du trésor substitué aux droits de l'ancienne dotation des Invalides ne doit pas figurer dans la comptabilité intérieure des corps.)

Art. CCL.

En cas de perte d'un livret, il en est délivré un duplicata sur la déclaration du Conseil d'administration ou du commandant de la compagnie attestant la réalité de la perte. Cette déclaration est inscrite en tête du duplicata (*Art.* 357 *de l'ordonn. du* 25 *déc.* 1837, Journ. milit., p. 265.)

Le nouveau livret doit porter la mention sommaire des paiemens qui avaient été inscrits sur le livret perdu (*Art.* 358, *même ordonnance.*)

SECTION IV. — DU PAIEMENT DES ÉTATS DE SOLDE ET DES RAPPELS.

ART. 251.

Paiement des états de solde.

Les états de paiement ordonnancés par les membres de l'intendance, sont payés à vue à la caisse du payeur qui doit acquitter le mandat, et sur les fonds qui lui ont été faits pour cette dépense.

Si le payeur refuse le paiement pour cause d'omission ou d'irrégularité, l'ordonnateur de la dépense peut requérir, par écrit ou sous sa responsabilité, qu'il soit passé outre au paiement et il rend compte immédiatement au Ministre, des circonstances et des motifs qui ont nécessité l'application de cette mesure.

ART. 252.

Rappels de solde et d'indemnités.

Les rappels appartenant à l'exercice courant sont ordonnancés en même temps que la solde courante et compris sur les mêmes états de paiement.

Les rappels de solde, d'indemnités diverses et d'abonnemens, portant sur un exercice expiré, sont considérés comme appartenant au trimestre pour lequel a été établie la revue qui en constate le droit; en conséquence, il sont également ordonnancés sur les fonds de l'exercice courant.

Lorsque, dans le cours d'un exercice, le paiement de la solde et des indemnités et abonnemens a été suspendu ou n'a pu être réclamé qu'après l'expiration ou la clôture des comptes de cet exercice, les sommes dues ne doivent être acquittées que sur des crédits spéciaux et sur des états au titre dudit exercice.

CHAPITRE III. — *Des retenues sur la Solde.*

ART. 253.

Retenues pour la dotation des invalides

Les officiers subissent, sur le montant intégral de leur solde, et indépendamment de toute autre déduction, une retenue de deux pour cent au profit de la dotation des invalides.

Cette retenue ne s'exerce pas sur les indemnités de service extraordinaire et sur les autres allocations de l'arme, sauf l'indemnité de représentation du colonel de la Gendarmerie d'élite, qui en est passible.

Les sommes à retenir sont portées en déduction sur le montant des états de paiement, qui ne sont, en conséquence, arrêtés et quittancés que pour le net.

ART. 254.

Retenues pour avances de petit équipement.

Il est formé des feuilles de retenue ou d'imputation par corps ou compagnie (modèle n° 10), pour les acquits des avances de petit équipement que les sous-officiers et gendarmes auraient été dans le cas de réclamer en route. Les sous-intendans vérifient les feuilles de retenues établies par le payeur, et n'apposent leur visa sur ces feuilles que lorsqu'ils en ont reconnu l'exactitude: ils les remettent, ainsi que les mandats, aux Conseils qui administrent les hommes, et portent le montant des acquits, en déduction sur le premier état de solde qu'ils ont à ordonnancer.

Si les feuilles de retenues ne concernent pas des hommes appartenant aux compagnies placées sous la surveillance des sous-intendans auxquels ces pièces sont remises, ils les transmettent, ainsi que les mandats à l'appui, à l'intendant de la division qui doit en ordonner l'imputation à qui de droit.

Art. CCLI.

Les états de paiement de la solde doivent toujours être quittancés à la date réelle des paiemens (*Circ. du Ministre de la guerre du* 29 *déc.* 1836, Journ. mil., p. 416.)

ART. 255.

Les Conseils d'administration autorisent l'imputation des avances à qui de droit, après la vérification des pièces par les trésoriers, qui doivent tenir un relevé (modèle n° 10 *bis*) de toutes les sommes mentionnées, à titre d'avance, sur les feuilles de route ou billets de sortie d'hôpitaux. Cette inscription a lieu aussitôt après l'arrivée de chaque homme à sa résidence, et le montant en est porté provisoirement en recette, sans attendre les mandats et feuilles de retenue, afin d'en faire opérer le remboursement aux hommes, si leur départ des corps et compagnies s'effectuait avant la remise de ces pièces. Les Conseils d'administration deviennent responsables des avances qui, par l'oubli de cette formalité, resteraient sans reprise : ils peuvent suspendre pendant six mois la solde du décompte de la masse des hommes qui cessent leur activité, s'ils n'avaient pas représenté leurs feuilles de route sur lesquelles la mention des avances doit être faite.

ART. 256.

Si la déduction des avances avait été opérée par les sous-intendans, à des corps ou compagnies auxquels les militaires n'appartiendraient pas, les Conseils inscriraient les motifs de leur refus, sur la feuille de retenue, ou sur des extraits de cette feuille en ce qui concerne les articles refusés, et ils formeraient en même temps un bordereau de rejet dans la forme du modèle n° 10 *ter*. Les corps et compagnies sont autorisés à refuser les imputations lorsqu'ils n'ont reçu ni le militaire ni ses fonds de masse. Le montant des mandats, dont le rejet est maintenu par les intendans ou sous-intendans, est porté en augmentation sur le premier état de paiement.

ART. 257.

Les allocations de l'indemnité de route donnent lieu à des décomptes. Les sous-intendans doivent se faire représenter les feuilles de route, et les ordres en vertu desquels elles ont été délivrées; ils font faire un relevé exact des indemnités que les militaires ont touchées, et dont la feuille de route doit toujours énoncer le montant; ils en forment un décompte, et rectifient, s'il est nécessaire, les erreurs dont ces sortes de paiement pourraient être l'objet.

ART. 258.

Inspection des effets d'habillement des militaires en route.

Les sous-officiers et gendarmes qui reçoivent des avances d'effet de petit équipement, sont soumis en route, à l'inspection des sous-intendans, pour s'assurer de la conservation des effets, et s'ils reconnaissent que ces militaires en ont vendu quelques-uns, ils en font mention sur la feuille de route, pour qu'il soit pris des mesures contre eux.

La même surveillance est exercée à l'égard des hommes qui se rendent à de nouvelles destinations, après avoir été munis d'effets d'habillement par les soins des compagnies.

ART. 259.

Remboursement des premières mises d'habillement.

Lorsque des gendarmes, congédiées avant d'avoir acquis, par la durée de leurs services dans l'arme, la propriété de la première mises d'habillement, ont supporté sur leur masse le remboursement de tout ou partie de cette gratification, conformément à l'art. 128, les sommes retenues par les Conseils d'administration, doivent

rentrer au crédit de la gendarmerie, et sont portées, à cet effet, en déduction sur les plus prochains états de solde, ainsi que sur les feuilles de journées et revues correspondantes à ces états.

ART. 260.

Réintégration des avances de 400 fr. sur le crédit de la solde.

Le produit des retenues mensuelles aux sous-officiers et gendarmes qui ont obtenu des avances de remonte sur les fonds de la solde, doit rentrer également au crédit de l'arme, par déduction, et comme il est expliqué dans l'article précédent, Il est établi par trismestre (modèle nº 11) un état paticulier des sommes remboursées sur ces avances, pour être joint aux revues de comptabilité.

ART. 261.

Retenues pour le trésor ou pour les caisses de gendarmerie.

Les retenues au profit du Trésor ou des caisses des compagnies s'exercent d'après les ordres du Ministre: elles peuvent s'élever au-dessus du cinquième de la solde brute, lorsque des circonstances particulières l'exigent. Les motifs des déductions sont expliqués tant sur les états de paiement, que sur les revues, de manière à ne faire payer à la partie prenante que la somme nette qu'elle doit recevoir, déduction faite de la retenue.

Les ordres de retenues sont adressés aux intendans militaires qui doivent, sous leur responsabilité personnelle, en suivre l'exécution, et porter sur des registres, ainsi que les sous-intendans, les sommes remboursées, avec la désignation des états de paiement et des revues sur lesquels les retenues ont été effectuées. Lorsque le débiteur change de division militaire avant que le remboursement soit terminé, l'intendant fait connaître le restant à retenir à l'intendant de la division dans laquelle le militaire doit se rendre, pour que les retenues soient continuées, sans aucune interruption.

ART. 262.

Retenues pour secours aux familles des militaires de l'arme.

Le Ministre de la guerre peut prescrire des retenues, à titre de secours alimentaires, en faveur des femmes et des enfans des officiers, sous-officiers et gendarmes qui ont abandonné leurs familles. Ces retenues peuvent être indépendantes de toute autre que subirait déjà le militaire, pour quelque cause que ce fût: elles sont opérées, par déduction, sur les états de solde, et le montant en est payé aux femmes et enfans, sur la production d'un certificat de retenue et d'après des mandats individuels. Ces paiemens sont inscrits sur des livrets établis comme ceux des délégataires. Les doubles des mandats individuels sont envoyés pour en faire imputation sur les revues, aux sous-intendans chargés de la surveillance administrative des compagnies dans lesquelles servent les militaires assujétis aux retenues.

ART. 263.

Paiement des dettes privées.

Les dettes contractées par les officiers, sous-officiers et gendarmes, pour leur subsistance et leur entretien, peuvent motiver, de la part des colonels ou des Conseils d'administration, sur la représentation des titres, des ordres de retenue sur le traitement de ces militaires.

Ces retenues ne peuvent excéder le cinquième de la solde nette: elles sont opérées par précompte; en conséquence, le Conseil d'administration prélève sur le montant de la solde du débiteur la retenue dont il est passible, sans qu'il y ait lieu, pour cet objet, à aucune déduction sur l'état de paiement ni sur la revue.

ART. 264.

Toutes autres retenues pour dettes ont lieu en vertu d'oppositions juridiques;

Art. CCLX.

Les avances de fonds n'ayant plus lieu que sur la masse de la compagnie, circulaire du 10 jan. 1831, *Journ. milit.*, p. 49, il n'est pas fait d'autres retenues que celles indiquées à l'art. 163 de ce règlement (*Art.* 124, 217 *et* 244, *idem.*)

Art. CCLXIII.

Art. 264, circulaire du 20 février 1839, *Journ. milit.*, p. 49, sur l'exécution de l'ordonnance du Roi du 13 du même mois, relative aux oppositions juridiques qui sont faites sur la solde des militaires de la gendarmerie; cette ordonnance substitue, dans les départemens, les payeurs, et à Paris le conservateur des oppositions au ministère des finances, *aux trésoriers* des compagnies néanmoins le Ministre peut en ordonner d'office, lorsqu'il le iuge convenable. Ces oppositions sont signifiées aux Conseils d'administration de gendarmerie, en la personne du trésorier, qui ne peut, sous aucun prétexte, se refuser à les recevoir. Les deniers provenant de retenues, sont distribués aux opposans, suivant les formes prescrites par le Code de procédure civile.

TITRE II. — DES RÈGLEMENS DE DÉPENSES.

CHAPITRE Ier. — *Des contrôles annuels et des états de mutations.*

SECTION Ire. — DES CONTRÔLES A TENIR PAR LES CORPS ET COMPAGNIES.

ART. 265.

Les corps et compagnies de gendarmerie doivent tenir des contrôles pour l'inscription des hommes et des chevaux, et pour l'annotation de toutes leurs mutations dans le cours de chaque année. Ces contrôles sont examinés par les sous-intendans et comparés à leurs contrôles, lorsqu'ils le jugent convenable.

ART. 266.

Etablissement du contrôle général des hommes.

Il est établi un contrôle général des hommes, suivant le modèle n° 12, dans chaque compagnie des départemens ou des ports et arsenaux. Les contrôles des compagnies de légions sont établis en deux parties; la première est destinée à la cavalerie, et la deuxième à l'infanterie.

Le corps de la gendarmerie d'élite et le bataillon de voltigeurs corses forment leurs contrôles généraux, d'après les contrôles particuliers tenus pour l'état-major et pour chaque escadron ou compagnie.

ART. 267.

Ordre à suivre pour les inscriptions.

Les cases des contrôles sont numérotées depuis la première jusqu'à la dernière, excepté celles qui sont destinées aux officiers. Les numéros de la matricule y sont aussi relatés.

Les hommes sont enregistrés sur les contrôles par rang de grade, et dans chaque grade par rang d'ancienneté dans l'arme. Les trompettes et les tambours des légions, étant tenus de faire le service ordinaire des gendarmes, sont inscrits avec les gendarmes selon l'ordre de leur admission dans la gendarmerie.

Il est réservé, à la suite de chaque grade ou emploi, pour les remplacemens qui peuvent avoir lieu dans le cours de l'année, un nombre de cases en blanc, égal à celui des hommes formant le complet du grade ou de l'emploi.

ART. 268.

Le militaire qui avance en grade est rayé de la case qu'il occupait, et il est inscrit dans une case à la suite de son nouveau grade.

ART. 269.

L'officier admis dans l'arme doit être porté sur les contrôles à la date de sa nomination, et lorsqu'il est arrivé à sa destination.

Celui qui change de résidence est inscrit au jour de son arrivée, et il est fait mention de la date de sa lettre de passe.

ART. 270.

Contrôles des forces publiques et rassemblemens extraordinaires.

Lorsqu'il est organisé des forces publiques ou des rassemblemens extraordinaires de gendarmerie, les officiers qui les commandent reçoivent les extraits des contrôles certifiés par les Conseils d'administration des compagnies d'où les hommes ont été détachés, et visés par les sous-intendans, afin d'en former un contrôle général.

ART. 271.

Militaires détachés comment portés sur les contrôles.

Les officiers, sous-officiers et gendarmes composant les détachemens en service extraordinaire, sont portés sur des contrôles particuliers par les compagnies qui les administrent momentanément, et les mutations qui concernent ces militaires sont transmises chaque mois aux compagnies titulaires, pour qu'elles en fassent l'inscription sur leurs contrôles généraux.

Cette disposition ne s'applique point aux détachemens de la gendarmerie d'élite dans les résidences royales, ni aux postes de la gendarmerie maritime répartis dans les divers quartiers de la marine, qui ne cessent point, dans ces positions, d'être administrés par leurs corps ou compagnies.

ART. 272.

Par qui les contrôles annuels doivent être tenus.

Les contrôles généraux des hommes dans la gendarmerie des légions sont tenus par les trésoriers, d'après les états de mouvemens et de mutations et les rapports journaliers de service, adressés de chaque lieutenance aux commandans des compagnies qui doivent, sous leur responsabilité, surveiller l'inscription immédiate de tous les mouvemens et mutations portés dans ces états et rapports

Les contrôles généraux des forces publiques ou des rassemblemens sont tenus également par les trésoriers, sous la responsabilité des commandans.

Les contrôles particuliers, pour les escadrons et compagnies des corps de la gendarmerie d'élite et des voltigeurs corses, sont tenus par les capitaines. Les trésoriers tiennent ceux pour l'état-major; ils sont aussi chargés des contrôles généraux sous la surveillance de chaque commandant de ces corps.

ART. 273.

Compte intérieur des mouvemens et mutations.

Les officiers dirigeant les lieutenances sont tenus d'adresser aux commandans de compagnies, avec leurs rapports journaliers de service, des états portant le détail des mouvemens et mutations survenus dans les brigades et postes de leurs arrondissemens. Les commandans de brigades doivent, à cet effet, leur rendre compte, jour par jour, de toutes les mutations qui concernent les hommes et les chevaux.

Les mutations dans le corps de la gendarmerie d'élite et le bataillon des voltigeurs corses sont certifiées par les capitaines commandant les escadrons ou compagnies, et envoyés chaque jour aux officiers chargés de la tenue des contrôles généraux.

ART. 274.

Militaires détachés portés pour mémoire sur les contrôles.

Les officiers, sous-officiers et gendarmes qui reçoivent l'ordre de se rendre dans les camps et aux armées, cessent, à compter du jour du départ, d'être compris dans les états d'effectif de leurs corps ou compagnies, et ils ne sont plus portés sur les contrôles que pour mémoire jusqu'à leur rentrée à la résidence.

ART. 275.

Radiation des contrôles.

Les hommes absens de leurs postes sans autorisation, et ceux prévenus de désertion, ne peuvent être rayés des contrôles que sur des décisions spéciales du Ministre.

Cette disposition est observée à l'égard des hommes qui sont proposés pour la pension de retraite et dont le Ministre peut seul prononcer le renvoi dans leurs foyers.

ART. 276.

Les officiers, sous-officiers et gendarmes faits prisonniers de guerre, sont rayés des contrôles des forces publiques, à compter du jour où ils sont tombés au pouvoir de l'ennemi; et il en est donné immédiatement avis aux compagnies titulaires des hommes. Le décès des hommes servant dans les forces publiques, est notifié également, dans le plus bref délai, à leurs compagnies.

ART. 277.

En cas de mort et de radiation pour cause d'absence non autorisée, on porte à la suite de la mutation de l'homme, la situation de son compte à la masse de compagnie.

ART. 278.

Renouvellement des contrôles.

Les contrôles sont renouvelés au commencement de chaque année, et les imprimés sont fournis par le ministère de la guerre. Les inscriptions ont lieu dans l'ordre indiqué à l'art. 267. Le dernier mouvement de chaque militaire qui est alors absent est soigneusement rappelé sur les nouveaux contrôles.

Les hommes qui surviennent après le renouvellement annuel des contrôles sont

ajoutés à la suite de leurs grades respectifs; et leur classement par rang d'ancienneté n'a lieu qu'au renouvellement des contrôles.

ART. 279.

Contrôle annuel des chevaux.

Le contrôle général des chevaux des officiers et de la troupe est formé, dans chaque corps ou compagnie, suivant le modèle n° 12 *bis*, et il est divisé et numéroté comme celui des hommes. Tous les chevaux sont désignés par leurs noms et signalemens et par les noms de leurs propriétaires.

Ce contrôle est tenu par l'officier chargé du contrôle général des hommes. Tous les mouvemens et toutes les mutations des chevaux y sont portés d'après les comptes et rapports fournis de la même manière qu'il est prescrit pour les contrôles des hommes.

Au renouvellement annuel des contrôles, on doit rappeler sur les nouveaux, la dernière mutation de chaque cheval absent, et on a soin d'ajouter dans le signalement une année à l'âge de chaque cheval.

SECTION II. — DES ÉTATS DE MUTATIONS ET DU DOUBLE DES CONTRÔLES ANNUELS.

ART. 280.

Remise des états de mutation aux sous-intendans pour le double des contrôles.

Les sous-intendans militaires tiennent un double des contrôles annuels des corps et compagnies dont ils surveillent l'administration.

A cet effet, les commandans de compagnies des légions sont tenus de leur faire remettre tous les 5 jours, dans la forme du modèle n° 13, les états de toutes les mutations et mouvemens des hommes et des chevaux, survenus dans les brigades des diverses lieutenances, et constatés comme il est énoncé à l'art. 273. Ces états doivent être signés par les trésoriers et certifiés par les commandans de compagnies. La situation financière des sous-officiers et gendarmes s'y trouve mentionnée dans les cas prévus par l'art. 277.

S'il n'y a pas eu de mutations, les états sont négatifs.

La gendarmerie d'élite et le bataillon de voltigeurs corses fournissent des états journaliers de leurs mutations. Pour les détachemens et portions de ces corps qui ne sont pas dans la résidence des sous-intendans, les états de mutations sont remis tous les 5 jours seulement.

ART. 281.

États trimestriels des hommes aux hôpitaux militaires ou civils.

Les Conseils d'administration reçoivent en communication, des sous-intendans militaires, pour relever les mutations des hommes aux hôpitaux militaires et civils, les états trimestriels des journées de traitement, dressés, conformément à l'ordonnance sur le service des hôpitaux, par les directeurs ou administrateurs de ces établissemens (modèle n° 14.)

Les Conseils vérifient avec soin si ces actes ne comprennent point par erreur, dans les totaux de journées de traitement à la charge du service des hôpitaux militaires, les journées des hommes qui auraient été soignés, dans les hospices civils, aux frais des compagnies, en exécution de l'art. 37 du présent Réglement. Ils font mention dans ce cas, sur les états, des sommes qu'ils auraient acquittées pour chaque militaire, et des dates de ces paiemens.

ART. 282.

Visa des pièces des militaires admis dans l'arme ou éprouvant des mutations.

Les officiers arrivant aux corps et compagnies qui leur sont assignés, ou retournant à leurs postes, après une absence quelconque, sont tenus de se présenter chez le sous-

intendant militaire pour soumettre à son visa, daté du jour de la présentation, les pièces justificatives des mouvemens qui les concernent.

ART. 283.

Les sous-officiers et gendarmes, porteurs de lettres de passe ou commissions ministérielles, sont présentés aux sous-intendans militaires à l'effet d'être portés sur les contrôles de la date de leur arrivée au chef-lieu de la compagnie.

Les militaires qui seraient autorisés à se rendre directement aux brigades qui leur sont assignées, sans passer au chef-lieu de la compagnie, sont présentés, par le commandant de la brigade, au maire de la résidence, qui certifie l'époque de leur arrivée. Le certificat du maire et les lettres de passe sont adressés sur-le-champ au lieutenant de l'arrondissement, qui les transmet aussitôt au commandant de la compagnie.

ART. 284.

Renseignemens à fournir aux sous-intendans pour l'inscription des hommes.

Les sous-intendans militaires, au moment de la présentation des hommes, ou de la remise des pièces indiquées ci-dessus, reçoivent la note des numéros qui sont affectés aux hommes, tant au contrôle annuel qu'au registre matricule. Les autres renseignemens, sur les noms, lieux de naissance et derniers domiciles des hommes, sont relevés d'après les lettres de passe et commissions ministérielles qui portent ces détails, ainsi que les services.

CHAPITRE II. — *Des Revues.*

SECTION Ire. — DES REVUES SUR LE TERRAIN ET DES FEUILLES DE JOURNÉES.

ART. 285.

Revue de la gendarmerie d'élite et des voltigeurs corses.

La gendarmerie d'élite peut être passée en revue sur le terrain par le sous-intendant militaire de la garde royale chargé de la surveillance administrative du corps, lorsqu'il le juge nécessaire. Cette inspection, pour les détachemens envoyés dans les résidences royales, a lieu à leur retour à Paris.

ART. 286.

Le bataillon des voltigeurs corses est soumis partiellement à la revue du sous-intendant, toutes les fois que ce fonctionnaire peut le faire sans déplacer les compagnies de leurs cantonnemens.

ART. 287.

La revue sur le terrain n'a pas lieu pour la gendarmerie des légions.

Il n'est pas formé de feuille d'appel pour la gendarmerie des légions, attendu que la dissémination des hommes et l'urgence du service journalier ne permettent pas aux intendans et sous-intendans militaires de réunir les brigades pour les revues sur le terrain; mais les maires sont chargés, conformément aux lois, dans les communes où sont stationnées les postes et brigades, de constater la présence en service des hommes et des chevaux par des certificats revêtus de toutes les formalités prescrites dans l'art. 232.

ART. 288.

Établissement des feuilles de journées pour les hommes et les chevaux.

Il est établi, pour servir à la confection des revues de comptabilité, par les compagnies de gendarmerie des légions, des feuilles de journées pour les hommes et pour les chevaux, suivant le modèle n° 15. Ces feuilles sont en triple expédition pour chaque compagnie et sont formées par trimestre.

La gendarmerie d'élite et le bataillon de voltigeurs corses en établissent par escadron ou compagnie, et il en est dressé de particulières pour l'état-major.

Art. CCLXXXIV.

Les registres-matricules sont tenus par les trésoriers; ils ne procèdent à l'inscription des services que sur la présentation d'actes civils réguliers et de brevets ou titres originaux (*Art.* 145 *de l'ordonnance du* 29 *octobre* 1820; *circulaire du* 17 *juill.* 1824, Journ. milit., p. 58.) Les hommes y conservent le même numéro, quelles que soient les mutations, jusqu'à la sortie de la compagnie ou promotions au grade d'officier. Les changemens de grade, les pertes ou réadmissions y sont détaillés, avec la même série de numéros. Les officiers ont une série de numéros à part, mais les sous-officiers et gendarmes ont une autre et même série (*Consulter pour la tenue des registres-matricules des officiers, le réglement du* 19 *mars* 1823, *art.* 748 *et* 749; il n'est jamais fait de rations surlematricule, art. 756 du même réglement, voir aussi les circ. des 12 *mars* 1824, Journ. mil., p. 115; 21 *déc.* 1827, Journ. mil., p. 577; *l'instruction du* 19 *mars* 1830, Journ. milit., p. 181, 182, 183 *et* 184.)

L'expédition de Madagascar, en 1829, est comptée comme campagne (*Décision ministérielle du* 28 *janv.* 1831, Journ. milit., p. 135.)

Consulter pour l'établissement des services des militaires qui ont déserté au 30 mars 1814, et 20 mars 1815, la décis. royale du 8 mars 1818, et la circul. du 14 avril 1818, *Journ. milit.*, p. 314.—Consulter aussi pour la délivrance des états de service, la note ministérielle du 18 juin 1835, *Journ. milit.*, p. 249; — pour la déduction à faire des services, la circulaire du 1er septembre 1833, *Journ. milit.*, p. 123, — pour le calcul de la liquidation des services, la circul. du 6 mai 1818, *Journ. milit.*, p. 365; — pour les campagnes, la décision minister. du 14 juin 1818, *Journ. milit.*, p. 836, la loi du 11 avril 1831, *Journ. milit.*, p. 467; — Manuel des pensions, livraison supplémentaire du 2e semest. 1831, et la note additionnelle du 7 juillet 1834, *Journ. milit.*, p. 10, indiquant les tableaux des pièces qui doivent accompagner les mémoires de proposition de retraite. Les campagnes faites dans l'armée belge comptent aux militaires français (*Décision du* 27 *mars* 1834, *Journ. milit.*, p. 104.) La durée de l'emprisonnement ne compte jamais aux officiers, même pour la retraite (*Art.* 27, loi du 19 mai 1834, *Journ. milit.*, p. 171.)

Art. CCLXXXVII.

Instruction du 15 juillet 1835, *Journ. milit.*, p. 8, à l'art. des attributions des membres de l'intendance, qui dispose que la revue des brigades, chef-lieu du département, est passée mensuellement par le sous-intendant militaire, etc.

Les corps et compagnies doivent se pourvoir des imprimés nécessaires, et en acquitter la dépense sur le cinquième du fonds d'abonnement de secours.

Art. 289.

Les feuilles de journées sont nominatives. Les officiers sont portés en tête des feuilles, d'après leur rang, et avec les résidences. Les sous-officiers et gendarmes des légions sont inscrits par brigades, en commençant par l'arme à cheval, et avec l'indication des lieux de station. L'inscription des hommes pour les corps de la gendarmerie d'élite et des voltigeurs corses est faite dans l'ordre des grades.

Ces feuilles présentent, après les colonnes où sont indiquées les positions de présence, d'absence ou de cessation d'activité des hommes, et s'ils sont montés ou non montés, 1° les mouvemens et mutations survenus depuis la dernière revue générale de comptabilité, et les époques des revues et tournées faites par les officiers; 2° le détail des journées donnant droit aux diverses espèces de solde et d'indemnités, à l'abonnement de fourrages et aux fournitures en vivres et en chauffage; 3° le décompte des sommes et des rations à allouer; 4° le complet de la troupe pour l'abonnement d'entretien, de remonte et de secours; 5° le nombre de premières mises d'habillement accordées aux hommes sortant de la ligne; 6° les frais de prévôté; 7° enfin les gratifications et indemnités spéciales.

Les feuilles de journées contiennent en outre la composition et la situation de l'effectif tant en hommes qu'en chevaux, avec la balance des gains et pertes depuis la dernière revue. Il est établi une situation particulière dans les mêmes feuilles pour les détachements en service momentané dans les compagnies.

Art. 290.

Totalisation des journées de solde et d'indemnités.

Les journées de solde, d'indemnités et d'abonnement de fourrages sont totalisées par grades pour les officiers, et par grade et par brigades pour les sous-officiers et gendarmes des légions, à l'exception de l'abonnement de fourrages, qui forme un seul total. Les totaux des journées de la troupe sont ensuite portés dans une récapitulation, par arme et par brigade.

Il n'est fait qu'un seul total pour chaque espèce de journées donnant droit, pour les officiers, aux rations de vivres et de fourrages. Ces journées sont portées en raison du nombre de ration revenant à chaque grade.

On ne fait de même qu'un seul total pour chaque espèce de journées donnant droit aux fournitures en nature pour les sous-officiers et gendarmes des brigades à cheval et à pied.

Art. 291.

Inscription des militaires nouvellement nommés ou promus, des hommes des forces supplétives et de ceux admis provisoirement dans les compagnies.

La date des lettres de service et commissions et le jour d'entrée en exercice doivent être relatés, lorsque les officiers, sous-officiers et gendarmes nouvellement nommés, sont portés pour la première fois dans les feuilles de journées.

Les militaires promus à un nouveau grade, sans changer de corps ou de compagnie, sont inscrit à l'apostille de leur ancien grade, dans les brigades dont ils faisaient partie, jusqu'au jour exclu de leur réception; et ils comptent depuis la même époque, à l'effectif de leur nouveau grade, dans les résidences ou brigades qui leur sont assignées.

Art. 292.

Les premières mises d'habillement payées pendant le trimestre donnent lieu à la mention, dans la feuille de journées, à l'article de chaque gendarme nouvellement admis, du montant de la gratification et de la date de la décision qui l'accorde.

ART. 293.

Les hommes qui sont détachés de leurs brigades pour former des forces supplétives ou des postes provisoires, dans leur département, sont compris séparément, sous ces titres, et à la suite des brigades de leur arme, dans les feuilles de journées. Ils continuent de figurer pour mémoire dans les brigades dont ils sont titulaires.

ART. 294.

Les militaires admis provisoirement dans la gendarmerie par les corps et compagnies, sont portés d'une manière distincte, après les brigades à pied, dans les tableaux nominatifs et dans la situation d'effectif et le décompte en deniers, jusqu'à la notification de la décision ministérielle pour leur maintien définitif dans l'arme.

ART. 295.

Militaires détachés hors de leur département, portés la suite des feuilles de journées.

Les officiers, sous-officiers et gendarmes détachés près des dépôts et ateliers de condamnés, et ceux dont les déplacemens pour tout autre service durent au moins deux mois, sont inscrits avec l'annotation des compagnies auxquelles ils appartiennent, à la suite des brigades et des forces supplétives et postes provisoires, dans les feuilles de journées établies par les compagnies des départemens où ils sont provisoirement employés. Ils sont portés également dans une situation particulière et dans le décompte en deniers des mêmes feuilles de journées.

Ils sont conservés dans les feuilles de journées des compagnies titulaires pour mémoire seulement. Cette disposition s'applique aux hommes des forces publiques de l'armée, ou des rassemblemens dans l'intérieur.

ART. 296.

Mention à faire des militaires dans le cas d'absence ou de décès.

Il est fait mention sur les feuilles de journées des emplois d'officiers vacans, avec l'indication de l'époque et du motif de la vacance.

Les militaires absens par autorisation légale, y sont conservés pour mémoire, à compter du jour de leur départ, avec la mention précise de la durée que doit avoir l'absence, et la décision ministérielle pour les congés avec solde.

Les hommes démissionnaires, congédiés, morts, et généralement tous ceux qui ne doivent plus compter à l'effectif, sont portés dans les feuilles de journées au rang qui leur est assigné par leur grade, et par la brigade à laquelle ils appartenaient.

ART. 297.

Feuilles de journées des rassemblemens et des forces publiques de gendarmerie.

Les feuilles de journées des rassemblemens ou des forces publiques s'établissent à compter du jour où ces portions de gendarmerie s'administrent elles-mêmes, et on a soin de distinguer les militaires de tout grade par l'annotation des corps ou compagnies d'où ils sont extraits momentanément.

Si des militaires de la ligne obtiennent leur admission dans la gendarmerie et sont placés dans les forces publiques ou détachemens extraordinaires avant d'être attachés titulairement à une compagnie, il en est fait une mention particulière sur les feuilles de journées.

ART. 298.

Feuilles de journées spéciales pour la gendarmerie des colonies.

Il est établi des feuilles spéciales de journées pour les militaires de la gendarmerie des colonies, qui reçoivent leur solde dans les ports de France, en attendant leur

embarquement, ou qui sont placés, à leur retour des colonies, en subsistance dans les compagnies maritimes.

ART. 299.

États à joindre aux feuilles de journées pour les gratifications d'entrée en campagne et indemnités pour pertes des officiers.

Lorsqu'il y a lieu d'allouer aux officiers des sommes pour gratifications d'entrée en campagne, ou pour indemnités de pertes de chevaux ou d'effets; les états particuliers qui sont dressés pour chacun de ces objets, sont joints aux feuilles de journées.

ART. 300.

Par qui les feuilles de journées sont visées et certifiées.

Les feuilles de journées des compagnies des légions, tant pour les hommes que pour les chevaux, sont certifiées par les trésoriers, vérifiées et visées par les commandans de ces compagnies.

Les feuilles de journées de la gendarmerie d'élite et du bataillon de voltigeurs corses sont certifiées par les capitaines commandant les escadrons ou compagnies et vérifiées et visées par les trésoriers chargés de la tenue des contrôles généraux, sous l'inspection des commandans de ces deux corps. Les feuilles pour l'état-major, sont certifiées par le trésorier, et visées et vérifiées par ces commandans supérieurs.

ART. 301.

Envoi des feuilles de journées aux sous-intendans.

Les Conseils d'administration envoient les feuilles de journées, avec les pièces justificatives des allocations, aux sous-intendans militaires, dans les dix premiers jours de chaque trimestre, pour le trimestre expiré; et en cas de délais non justifiés, l'intendant divisionnaire en rend compte au Ministre, et lui propose, s'il est nécessaire, des mesures en rigueur contre qui de droit.

ART. 302.

Vérification des feuilles de journées par les sous-intendans.

Les sous-intendans font la vérification des feuilles de journées, et, après les avoir rectifiées, s'il y a lieu, les visent et certifient conformes à leurs contrôles annuels. Cette vérification a pour objet de s'assurer,

1° Que toutes les mutations ont été rapportées exactement sur les feuilles de journées telles qu'elles sont inscrites sur les contrôles, et constatées par les pièces justificatives;

2° Qu'il n'a pas été fait de double emploi pour les mêmes militaires, par l'effet de mutations ou de rappels, dans le cours du même trimestre;

3° Que les prestations en deniers et en rations ont été légitimement et légalement allouées, eu égard aux grades des militaires, à leurs positions respectives de présence ou d'absence, et aux fixations du tarif de l'arme.

SECTION II.—DES REVUES DE LIQUIDATION.

ART. 303.

Les revues doivent être établies par trimestre au titre de chaque corps ou compagnie.

Il est établi une revue de liquidation par trimestre, pour chacune des compagnies des légions et pour chaque corps particulier de gendarmerie stationnés dans l'intérieur.

Les détachemens employés à une même armée ou rassemblement sont compris dans une seule revue collective, sous le titre de force publique de telle armée ou tel rassemblement.

ART. 304.

Elles sont établies d'après le droit des hommes et constatent les sommes dues.

Les revues de liquidation sont établies en trois expéditions, suivant le modèle n° 16, dans le 1er mois de chaque trimestre, pour le trimestre écoulé, par les sous-intendans

militaires qui ont la surveillance administrative de la gendarmerie. Les imprimés pour ces revues sont fournis par le ministère de la guerre.

Ces revues qui établissent le droit de chaque corps, compagnie ou force publique aux diverses prestations en deniers et en nature, d'après les ordonnances et tarifs en vigueur constatent le montant des sommes dues à chacun d'eux. Elles ne sont pas nominatives : elles présentent pour mémoire, par arme, le nombre et la force des détachemens extraits des compagnies des légions, et qui sont en service extraordinaire dans l'intérieur du royaume, hors de leur département, ou dans les forces publiques des armées et rassemblemens. Elles contiennent, comme les feuilles de journées, la composition et la situation de l'effectif, en hommes et en chevaux, ainsi que le résultat des mutations survenues dans cet effectif depuis la dernière revue.

ART. 305.

Militaires détachés, comment portés sur les revues.

Les hommes appartenant aux légions, qui sont détachés hors de l'arrondissement de leurs compagnies, sont ajoutés à la suite des tableaux de l'effectif, dans les revues des compagnies qui les administrent momentanément, pour la régularisation définitive des paiemens qui leur ont été faits de leurs traitemens personnels.

Les revues des compagnies titulaires continuent de comprendre ces hommes dans les mêmes tableaux de situation et de mutation de l'effectif, mais pour mémoire seulement.

Ces dispositions ne concernent pas les gendarmes maritimes qui, sans quitter leurs arrondissemens respectifs, sont en service dans des postes hors du département où réside le Conseil d'administration de leur compagnie.

ART. 306.

Gendarmerie destinée pour les colonies, comprises dans les revues des compagnies.

Les officiers, sous-officiers et gendarmes, et les militaires de la ligne qui sont choisis pour servir dans la gendarmerie des colonies, cessent d'être portés dans les revues des corps ou compagnies d'où ils sont extraits, du jour de leur départ pour les ports où ils doivent être embarqués; et, de cette époque jusqu'à celle de leur embarquement, ils sont compris dans les revues des compagnies de gendarmerie maritime qui les administrent provisoirement, de la même manière que les gendarmes détachés hors de leur département; mais d'après des feuilles de journées particulières.

Si, lors de l'organisation d'une compagnie destinée pour les colonies, il était formé un Conseil d'administration éventuel, on établirait une revue spéciale au titre même de cette compagnie.

ART. 307.

Mode d'établissement du décompte général en deniers.

Le décompte général en deniers est établi d'après les feuilles de journées jointes à la revue : les sous-intendans portent le résultat de ces feuilles sur le tableau du décompte, et y ajoutent toutes autres allocations qui se comprennent dans les revues, de manière à éviter la formation de revues supplémentaires ou spéciales.

Le décompte des hommes détachés et administrés provisoirement par la compagnie est inscrit séparément. On place distinctement aussi les déductions, par huitième, des avances de 400 fr. qui ont été accordées pour la remonte sur les fonds de la solde, en exécution des art. 140, dernier paragraphe; 244, 2e paragraphe, et 260.

ART. CCCVI.

Le modèle nº 16 est remplacé par le modèle de revue 57 *ter*, et le relevé général des journées nº 57 *quater*, inséré au Journ. milit, à la suite d'une circulaire du 17 février 1837, Journ. milit., p. 121.

Les états trimestriel nºs 5, 6, 7 et 8 sont supprimés (*Circ. des* 16 *janv.* 1832, Journ. milit., p. 18, *et* 10 *janv.* 1831, Journ. milit., p. 49.)

Art. 308.

Lorsqu'il y a des retenues à faire au profit du Trésor, la déduction a lieu sur le décompte brut des sommes à porter dans les colonnes correspondantes, et cette déduction est expliquée dans la colonne d'observations; mais si la déduction est faite sur la solde des officiers, la retenue au profit de l'hôtel des invalides n'en doit pas moins porter sur le décompte brut.

Art. 309.

Les augmentations et diminutions pour rectifications des revues ne doivent être faites que sur la colonne du total de chaque fonds, et les sous-intendans indiquent avec le plus grand soin la nature des augmentations et déductions; ils relatent aussi les dates des ordres de rappel ou de retenue, ainsi que l'autorité dont ils sont émanés.

CHAPITRE III. — *Des Décomptes de libération.*

Art. 310.

Réunion des déclarations de quittance et des bons de fournitures en nature.

Les déclarations de quittance des corps et compagnies sont inscrites sur le bordereau général des paiemens trimestriels établis par le payeur de chaque département, d'après le rang du corps de la gendarmerie dans l'armée, et par ordre de date et de séries de numéros.

Ces pièces, transmises avec le bordereau général aux sous-intendans militaires, sont gardées par devers lui pour les imputer dans les décomptes des corps et compagnies.

Art. 311.

Les fournitures faites en nature à la gendarmerie donnent lieu à l'établissement, en double expédition, de bordereaux de totalisation des bons de distribution, d'après les modèles n° 17 pour les vivres, et n° 17 *bis* pour les fourrages. Les bons de distribution de vivres, liquides, fourrages et de chauffage en station, sont totalisés par place et par partie prenante, le premier jour de chaque mois pour le mois échu, ou la veille du départ de la partie prenante. Les fournitures de vivres sont totalisées par espèces de denrées.

Les bordereaux sont signés par les Conseils d'administration ou par les chefs des détachemens, et les sous-intendans les arrêtent après vérification sur les bons partiels dont ils font l'annulation. Les secondes expéditions sont conservées avec les pièces à l'appui, par les sous-intendans, pour les imputations à faire des fournitures dans les décomptes de libération.

Art. 312.

Formation des décomptes de libération.

Il est formé des décomptes définitifs de toutes les dépenses, soit en deniers, soit en matières, qui ont pour objet d'opérer la libération respective entre le ministère de la guerre et les corps et compagnies de gendarmerie. Le modèle de ces décomptes est placé à la suite du modèle de revues.

Le sous-intendant, après avoir établi la revue de liquidation, et réuni les déclarations de quittance et les bordereaux de totalisation constatant les sommes et les fournitures à imputer sur cette revue, prescrit la convocation du Conseil d'administration à l'effet de procéder contradictoirement au décompte de libération.

Art. 313.

Imputation des avances de petit équipement.

Les avances pour effets de petit équipement sont considérés comme sommes per-

çues par le corps ou la compagnie, et sont en conséquence imputées dans les décomptes de libération, indépendamment de la déduction qui en a été faite sur les états de paiement, conformément à l'art. 254. Néanmoins les sommes que le corps ou la compagnie a été autorisé à rejeter sont déduites du montant de cette imputation.

ART. 314.

Prestations en nature, perçues en trop ou en moins par la gendarmerie.

Si le décompte des prestations en nature présente un plus grand nombre de rations perçues que celui qui est alloué par la revue, le montant de ce trop perçu est porté au débit du corps ou de la compagnie. Le décompte en deniers de ces rations est fait d'après un tarif établi au ministère de la guerre.

Les moins perçus en vivres, fourrages et chauffage ne peuvent donner lieu à aucun rappel.

ART. 315.

Arrêté des décomptes de libération.

Le sous-intendant militaire arrête, conjointement avec le Conseil d'administration, le décompte de libération, sur les trois expéditions de la revue. Il appose son cachet d'annulation sur les bordereaux de totalisation et les déclarations de quittance.

ART. 316.

Destination des expéditions des revues.

L'une des expéditions de la revue décomptée est remise au Conseil d'administration; la deuxième expédition, adressée à l'intendant divisionnaire, doit être accompagnée, 1° des feuilles de journées et des certificats de présence en service; 2° de l'état des indemnités de service extraordinaire et de découchers, appuyé des ordres de service pour les découchers; 3° des feuilles itinéraires des revues et tournées, avec l'état nominatif des officiers qui ont fait les tournées; 4° de l'état des officiers qui ont reçu l'indemnité de logement, accompagné des certificats de non logement; 5° de l'arrêté trimestriel de situation, de consommation et de dépenses des fourrages; 6° du relevé, pour l'abonnement de remonte et de secours, du nombre de brigades en activité; 7° de l'état trimestriel des premières mises d'habillement allouées pendant le trimestre aux nouveaux gendarmes; 8° de l'état trimestriel de remboursement au crédit de la gendarmerie des avances de 400 fr. pour la remonte; 9° de l'état des officiers et sous-officiers ayant droit aux indemnités de frais de prévôté; 10° des états des sommes payées pour gratification d'entrée en campagne et pour indemnité de pertes aux armées; 11° des feuilles de rectification de revues; 12° des ordres de mission extraordinaire; 13° des copies ou extraits des ordres ministériels de retenues; 14° des feuilles de route; 15° des billets de sortie d'hôpitaux; 16° des congés limités; 17° des feuilles de retenues pour avances de petit équipement; 18° des bordereaux de déclarations de quittances; 19° des déclarations de quittance; 20° des bordereaux de totalisation des bons de subsistances, et généralement de toutes les pièces qui ont dû être communiquées aux sous-intendans militaires, à l'exception des brevets, lettres de service ou commissions et bons de distribution, lesquels doivent rester au corps ou entre les mains des hommes.

La troisième expédition servant de minute de la revue, reste entre les mains du sous-intendant, avec les doubles expéditions des feuilles de journées et les bons de distribution.

Les certificats de présence en service, ordres de service et de découchers, certificats de non logement, feuilles de route, billets de sortie des hôpitaux, congés limités, ordres de missions extraordinaires, feuilles de retenues pour avances de petit équipement, bordereaux de déclarations de quittance, déclarations de quittance,

Art. CCCXIV.

Circulaires du 5 janv. 1835, *Journ. milit.*, p. 15, du 25 novembre 1835, *Journ. milit.*, p. 259, portant les dispositions relatives à la reprise des trop perçu constatés par les décomptes de libération, et la note ministérielle du 10 décembre 1835, *Journ. milit.*, p. 385, qui rend applicables à la Gendarmerie les dispositions des circulaires précitées.

Art. CCCXVI.

L'état trimestriel (n° 2) des indemnités de service extraordinaire et de découchers, appuyé des ordres de service pour les découchers, est supprimé. L'état mensuel continue à être fourni (*Décis. ministér. du* 16 *janv.* 1832, Journ. milit., p. 18, *et l'art.* 238 *de ce règlement.*)

L'arrêté trimestriel (n° 5) de situation de consommation et de dépenses des fourrages est également supprimé (*Même circulaire.*)

Le relevé (n° 6) pour l'abonnement de remonte et de secours du nombre de brigades en activité est supprimé (*Même circulaire*), ainsi que l'état n° 8 du remboursement des avances de 400 fr. (*Circ. du* 10 *janv.* 1831, Journ. milit., p. 49.)

bordereaux de totalisation des bons de subsistance, qui sont annexés à la revue destinée à l'intendant divisionnaire, doivent être renvoyés, après vérification, aux sous-intendans.

ART. 317.

Si le décompte de libération d'une revue, soit de l'exercice courant, soit d'un exercice expiré, présente pour résultat un moins perçu en deniers, le montant en est porté en augmentation sur le premier état de paiement de la solde courante, et le corps ou la compagnie en est crédité sur le décompte de libération de la revue correspondante à cet état de paiement.

Lorsque le décompte fait ressortir un trop perçu, la somme à retenir est portée en déduction, et le corps en est débité comme il est expliqué ci-dessus.

Si les augmentations ou déductions à faire portent sur un exercice expiré, il en est fait mention par une note détaillée mise au bas du décompte sur lequel le corps ou la compagnie se trouve crédité ou débité de leur montant.

ART. 318.

Les dispositions du réglement du 19 mars 1823, pour le mode d'établissement des décomptes en deniers dans le cas où les paiemens de la solde auraient été suspendus, sont applicables à la gendarmerie.

La formation des décomptes de libération, en ce qui concerne les fournitures en nature ne doit pas être retardée par la circonstance de cette suspension de paiement.

CHAPITRE IV. — *De la Vérification des revues.*

ART. 319.

Vérification des revues par les intendans militaires.

L'intendant divisionnaire vérifie les revues de liquidation établies par les sous-intendans pour les corps et compagnies de gendarmerie, et les résultats de cette opération sont constatés par des feuilles de vérification conformes au modèle n° 18. Ces feuilles, envoyées aux sous-intendans militaires, sont communiquées par eux aux Conseils d'administration pour avoir leurs observations.

Si l'intendant juge ensuite qu'il y a lieu à rectification, il dresse à cet effet une feuille conforme au modèle n° 18 *bis*, dont la description doit être faite sur les trois expéditions de la revue qu'elle concerne. Le sous-intendant fait cette transcription sur la minute de la revue, et prescrit la même mesure pour l'expédition remise au Conseil d'administration.

ART. 320.

Pièces qui doivent accompagner les revues pour le ministère.

L'intendant adresse les revues au Ministre de la guerre dans le troisième mois qui suit chaque trimestre.

Les revues sont accompagnées, 1° des feuilles de journées; 2° de l'état des indemnités de service extraordinaire et de découchers; 3° des feuilles itinéraires des revues et tournées, avec l'état nominatif des officiers qui ont fait les tournées; 4° de l'état des officiers qui ont reçu l'indemnité de logement; 5° de l'arrêté trimestriel de situation, de consommation et de dépenses de fourrages; 6° du relevé, pour l'abonnement de remonte et de secours, du nombre des brigades en activité; 7° de l'état trimestriel des premières mises d'habillement allouées aux nouveaux gendarmes; 8° de l'état trimestriel de remboursement au crédit de la solde de la gendarmerie, des avances de 400 fr. pour la remonte; 9° de l'état des officiers et sous-officiers ayant droit aux indemnités de frais de prévôté; 10° des états des sommes payées pour gra-

Art. CCCXVII.

La décision ministérielle du 16 septembre 1834, *Journ. milit.*, p. 150, et la note ministérielle du 10 décembre 1835, *Journ. milit.*, p. 385, qui rend applicable à la gendarmerie la circulaire du 25 nov. 1835, *Journ. milit.*, p. 259, concernant les trop perçus résultant des décomptes de libération.

tification d'entrée en campagne et pour indemnités de pertes aux armées; 11° des feuilles de vérification de revues; 12° des copies ou extraits des ordres ministériels de retenues.

L'intendant envoie les autres pièces justificatives aux sous-intendans qui remettent aux Conseils d'administration celles destinées à appuyer les inscriptions faites au registre matricule, ainsi que l'une des expéditions des feuilles de retenue pour avances d'effets de petit équipement, les déclarations de quittances, les bons de distribution et les bordereaux de totalisation.

ART. 321.

Vérification des revues au Ministre de la guerre.

Les revues de liquidation de la gendarmerie vérifiées par les intendans militaires, sont contre-vérifiées dans les bureaux du Ministre de la guerre, toutes les fois qu'il le juge convenable, et il prescrit les mesures nécessaires pour la rectification des erreurs qui auraient été reconnues d'après cette contre-vérification.

ART. 322.

Les augmentations ou les diminutions par déduction, à opérer pour erreurs constatées par la vérification des revues de liquidation, s'effectuent sur les premiers états de paiement de la solde courante, et sur les revues correspondantes à ces mêmes états.

ART. 323.

Lorsqu'une erreur a été reconnue dans un décompte de libération, l'augmentation ou la déduction à opérer est portée sur le premier état de paiement de la solde courante; et le montant en est ajouté au crédit ou au débit du corps, sur le décompte de libération dans lequel ce même état de paiement doit être imputé.

ART. 324.

Les annotations à faire des augmentations ou des diminutions, doivent toujours indiquer la revue ou le décompte qui renferme l'erreur reconnue, et la feuille de rectification en vertu de laquelle les augmentations ou les déductions sont effectuées.

Cette feuille reste annexée à la revue qui a été rectifiée; et si la rectification concerne un exercice expiré, on doit le faire connaître par une note détaillée.

CHAPITRE V. — *Dispositions particulières.*

ART. 325.

Les intendans arrêtent annuellement les comptabilités des corps et compagnies.

Les intendans doivent, lors de leurs tournées annuelles, arrêter les comptabilités des corps et compagnies de gendarmerie, et rendre compte au Ministre de la guerre du résultat de l'examen de toutes les opérations administratives qui les concernent.

ART. 326.

La responsabilité des intendans et sous-intendans militaires, pour les allocations faites induement à la gendarmerie, est la même que celle qui leur est imposée pour les autres corps de l'armée; mais ces fonctionnaires peuvent exercer leurs recours contre les officiers, sous-officiers et gendarmes qui en auraient profité, et contre les Conseils d'administration, pour les sommes versées aux fonds d'abonnement d'entretien, de remonte et de secours.

CCCXXV.

Les intendans et sous-intendans interviennent dans l'administration de la gendarmerie (*Instruc. du 15 juillet* 1835, Journ. milit., p. 8 *et suivantes*, *et la circulaire du 17 fév.* 1836, Journ. milit., p. 35.)

Art. 327.

Réclamations des militaires sur les déterminations des membres de l'Intendance.

Les militaires de la gendarmerie qui ont des répétitions à faire, soit contre les corps et compagnies de l'arme, soit contre le trésor, sont tenus de s'adresser, par l'intermédiaire du Conseil d'administration, au sous-intendant, qui statue sur la réclamation, ou la soumet, s'il y a lieu, à l'intendant de la division, et sauf les cas extraordinaires où il en doit être référé au Ministre de la guerre.

Ils ont la faculté de réclamer directement près du Ministre de la guerre, contre les décisions des intendans et sous-intendans, et peuvent aussi, conformément à l'art. 318 de l'ordonn. du 29 oct. 1820, solliciter, sans l'intervention des Conseils d'administration, le redressement des griefs ou des abus dont ils auraient à se plaindre.

(*Voyez*, ci-après, les *Modèles des États de la seconde partie du Règlement sur l'administration de la gendarmerie royale.*)

Art. CCCXXVII.

Les réclamations ou demandes pour objets administratifs sont faites par les Conseils d'administration à MM. les sous-intendans chargés de les transmettre hiérarchiquement au Ministre (*Circ. du* 17 *nov.* 1817, *rappelée par une décision ministérielle du* 7 *déc.* 1835, Journ. milit., p. 368; *art.* 266 *et* 318, *ordonnance du* 29 *octobre* 1820.)

ERRATA.

Page 18, ligne 1re. — Sauf l'exception indiquée et n'est valable, *lisez* : sauf l'exception indiquée par l'art 34 n'est valable, etc.
Page 36, ligne 6. — Ceux des militaires, *lisez* : ceux de ces militaires.
Page 36, à l'analyse de l'art. 73. — Droits aux fournisseurs, *lisez* : fournitures.
Page 66, art. 145, ligne 4. — Pourvoiront, *lisez* : pourvoient.
Page 75, ligne 1re. — Que, *lisez* : qui.
Page 112, art. 228, ligne 3. — Avances en, *lisez* : avances *de*.
Page 114, art. 232 ligne 5. — L'ordonnancement *de*, *lisez* : *des*.
Page 136, art. 281, ligne 6. — Ces actes, *lisez* : ces états.

DIRECTION
GÉNÉRALE
DU PERSONNEL.

BUREAU
DE
LA GENDARMERIE.

Envoi du Réglement provisoire sur les allocations de la Gendarmerie royale.

Paris, 21 novembre 1823

Le Ministre Secrétaire d'État au Département de la Guerre,
à MM. les Intendans et Sous-Intendans militaires.

Messieurs, j'ai l'honneur de vous adresser exemplaire de la première partie du Réglement d'administration de la Gendarmerie, que j'ai arrêté provisoirement, et qui renferme les bases de toutes les allocations dues à cette arme dans ses différentes positions de service. Les ordonnances d'organisation des corps de Gendarmerie, et les décisions ministérielles en vigeur, ont établi depuis long-temps la presque totalité des dispositions contenues dans cette partie du réglement, qui peut, en conséquence, recevoir son exécution dès le 1er janvier prochain. La seule modification notable concerne les retenues destinées à former la masse de compagnie, dont l'insuffisance, en comparaison des dépenses d'entretien des hommes, motivait des réclamations de la part des Conseils d'administration. Quelques autres dispositions avaient déjà été adoptées dans les réglemens ajournées du 14 octobre 1821, et dans ce nombre se trouvent celles relatives aux conditions exigées pour acquérir la propriété de la première mise d'habillement, et au traitement extraordinaire des officiers, sous-officiers et gendarmes, durant leur service près des dépôts de condamnés. Quant au tarif qui a été dressé d'après les changemens introduits par l'ordonnance du 10 octobre 1821, il peut être l'objet d'observations auxquelles j'aurai égard dès qu'elles me parviendront. Des améliorations avaient été consacrées dans les tarifs ajournés; mais l'établissement du budget de 1824 ne me laisse pas, quant à présent, la possibilité de faire aucune proposition au Roi.

Vous remarquerez que, dans le nouveau travail, pour faciliter l'application des règles, les matières ont été disposées, autant que le permettait l'espèce particulière des allocations de l'arme, d'après l'ordre suivi dans le réglement du 19 mars dernier, auquel il se rattache d'ailleurs, pour les principes communs à tous les corps militaires. Je recueillerai les observations que vous jugerez utiles de m'adresser sur le réglement des allocations de la gendarmerie, afin qu'il soit soumis à une révision exacte pendant le cours de l'année qui va commencer, et reçoive ensuite une sanction définitive. J'ai fait placer, dans ce but, des feuillets intercalaires où pourront être portées vos annotations.

Je n'ai pu encore faire terminer le travail qui se rapportera à l'administration et à la comptabilité intérieure des corps et compagnies, parce que les inspecteurs généraux de gendarmerie ont été appelés à faire des propositions sur l'un des services administratifs, et que la réunion de ces élémens entraînerait des retards; cependant, la dernière partie du réglement sera suivie sans interruption, afin de compléter prochainement le système d'administration spéciale de la gendarmerie.

J'adresse les mêmes exemplaires aux chefs de l'arme et aux conseils d'administration, qui pourront également me soumettre leurs observations, dans l'intérêt fondé des militaires de la gendarmerie.

Je vous invite à prendre immédiatement les mesures nécessaires pour la mise à exécution, à compter du 1er janvier 1824, du réglement provisoire dont je vous fais l'envoi.

MINISTÈRE
DE LA GUERRE.

DIRECTION
GÉNÉRALE
DU PERSONNEL.

BUREAU
DE
LA GENDARMERIE.

Paris, 24 juillet 1824.

Monsieur, je viens de faire terminer la seconde partie du réglement provisoire du 21 novembre dernier, qui embrasse les matières relatives aux régles de paiement et aux réglemens de dépenses de la gendarmerie. Ce travail s'appuie sur les bases anciennes et fondamentales de la comptabilité de la solde, et réunit les dispositions que la spécialité de l'arme et de nouvelles mesures d'administration ont fait établir.

Les états de solde, les feuilles de journées et les revues ont eu quelques additions de détails, résultantes de la création des abonnemens, et du mode actuel de paiement des détachemens employés hors de leurs compagnies. Les états justificatifs des droits des officiers, sous-officiers et gendarmes aux diverses prestations, ont été complétés, après avoir reçu une rédaction plus précise.

Le service des fourrages étant souvent l'objet de plaintes et de réclamations entre les commandans de brigades et les gendarmes, il est utile de faire revivre la mesure qui oblige les Conseils d'administration à se faire rendre compte mensuellement de la situation et des distributions de fourrages dans les brigades, et à produire, chaque trimestre, un relevé de ces états présentant aussi le compte sommaire des paiemens aux fournisseurs. La mesure, pour les rapports des brigades avec les Conseils, à ce sujet, recevra des développemens dans la troisième partie du réglement consacrée à l'administration intérieure des compagnies.

Plusieurs modèles, pour la comptabilité en deniers et en matières, ont été recueillis dans les ordonnances et réglemens des divers services d'administration générale; il convenait de les insérer dans la collection des états, avec les modèles particuliers de la gendarmerie, et ce moyen a été employé également pour le texte de la seconde partie, afin de mieux éclairer les conseils d'administration qui ne peuvent recourir, sans beaucoup de difficultés, à ces ordonnances et réglements, et pour leur éviter de fausses applications de dispositions qui ne concernent pas la gendarmerie.

L'usage des nouveaux modèles sera prescrit dès à présent, mais il importe que vous vous livriez à l'examen de tout ce qui compose la seconde partie du réglement, et que vous me transmettiez vos observations dans un délai assez rapproché, pour que je puisse faire imprimer, avec des corrections définitives les première et seconde parties avant la fin de cette année. Cette réimpression devient encore nécessaire pour la publication du tarif de solde, rectifié d'après la décision royale du 3 mars dernier, qui a augmenté, à partir du 1er janvier 1825, les traitemens de plusieurs grades de la gendarmerie.

Quelques modifications sont préparées aussi pour la première partie. La mesure indiquée en forme d'observation à l'article 165 sera adoptée; elle doit imposer aux compagnies l'obligation réciproque de libérer les dettes des gendarmes envers les caisses, au moment même où ces militaires changent de département, et sauf les exceptions pour le remboursement des avances en argent, ou des distributions d'effets qui auraient eu lieu abusivement. Les droits de la gendarmerie aux indemnités sur les fonds de la justice criminelle, et qui sont l'occasion d'une fréquente correspondance, seront aussi fixés d'une manière positive, de concert avec M. le garde-des-sceaux.

Je vous prie d'adresser un des exemplaires ci-joints, à chaque sous-intendant chargé de l'inspection administrative des compagnies de gendarmerie de votre division, et de lui prescrire d'en faire l'objet d'une communication aux Conseils d'administration. Il vous soumettra ensuite ses observations, et vous voudrez bien m'en faire part, en y joignant vos propositions sur tous les objets susceptibles de rectification.

GENDARMERIE ROYALE

BRIGADE D

CERTIFICAT DE PRÉSENCE.

MODÈLE n° 2 (Art. 232).

COMPAGNIE d

AN 18

Mois d

État des militaires de la gendarmerie présents en service, avec l'indication des Mutations survenues pendant le mois d 18

NOMS. (On rappellera pour mémoire les hommes détachés momentan. de la brigade).	GRADES.	PRÉSENS SANS MUTATIONS.	DATE ET ESPÈCE DES MUTATIONS.	CHEVAUX.	
				NOMS.	DATE ET ESPÈCE DE MUTATIONS.

Certifié le présent État par moi, commandant ladite Brigade.

A le 18

Vu par le Commandant la Lieutenance,

Nous, Maire d *(ou commissaire aux revues de la marine)*, soussigné, certifions le présent État sincère, véritable et conforme à notre Revue.

A le 18

NOTA. S'il avait plusieurs Brigades dans la même résidence on porterait les militaires sur un seul certificat, en les distinguant par brigade.

L'ARMÉE [illegible]						EFFECTIF PAR BATAILLONS ou escadron.			
PRÉSENS.				ABSENS.					
Hommes.		Chevaux		Hommes.		Hommes.		Chevaux	
Officiers.	Sous-Officiers et soldats.	d'Officiers.	de troupe.	Officiers.	Sous-Officiers et soldats.	Officiers.	Sous-Officiers et soldats.	d'Officiers.	de troupe et de trait.
22.	23.	24.	25.	26.	27.	28.	29.	30.	31.

IVe PARTIE.

Développemens des Présens sous les armes dans la

Hommes.

- Disponibles pour marcher de suite.
  - Officiers. . . . .
  - Sous-Officiers et soldats entièrement habillés et armés (3). . . . .
- Non disponibles. . . . .
  - Officiers. . . .
    - proposés pour la retraite et la réforme. . . . . .
    - formant le fond du dépôt (4). . . . .
  - Sous-Officiers et soldats.
    - à réformer ou à passer à d'autres corps. . . . .
    - à congédier par libération prochaine. . . . . .
    - proposés pour la retraite. . . . .
    - Jeunes soldats dont l'instruction n'est pas encore achevée. . .
    - formant le fond du dépôt (4). . . . .

Total des hommes (égal aux totaux réunis des colonnes 5 et 6 de la IIe partie). . . . .

Chevaux.

- Disponibles pour marcher de suite.
  - d'Officiers. . . . .
  - de troupe entièrement équipés. . . . .
- Non disponibles. . . .
  - d'Officiers à l'infirmerie. . . . .
  - De troupe. . . .
    - à l'infirmerie. . . . .
    - au vert. . . . .
    - de remonte, ne pouvant être montés. . . . . .
    - réservés pour l'instruction ou à réformer. . . . . .

Total des chevaux (égal aux totaux réunis des colonnes 7 et 8 de la IIe partie). . . . .

Ve PARTIE.

Renseignemens sur les Mouvemens et le Personnel du Corps.

Détachemens partis et rentrés depuis la dernière situation au 1er 18

				HOMMES.	CHEVAUX.
Mouvement concernant l'armée.	Partis pour l'armée ou pour être mis sur le pied de rassemblement.	Officiers.			
		Troupe.			
			Totaux.		
	Rentrés de l'armée.	Officiers.			
		Troupe.			
			Totaux. . . .		
Mouvement concernant l'intérieur (5).					

Noms et grades des Officiers en retard de rejoindre. . . . . . (*Faire connaître leur position*) . . . .

Nombre d'hommes de recrue annoncés, et époque présumée de leur arrivée. . . . .

Nombre de chevaux à recevoir des remontes, et époque présumée de leur arrivée. . . . .

Notes pouvant intéresser le personnel des Officiers et de la troupe, ou concerner les chevaux. . . . .

(3) On ne comprend comme disponibles, à moins d'ordres supérieurs, que les hommes dont l'instruction militaire est achevée.
(4) *Voir*, pour la composition des dépôts, l'ordonnance du 19 février 1831.
(5) Indiquer pour les détachemens de l'intérieur du Royaume, leur composition, leur mission, l'époque de leur départ et celle de leur arrivée à destination.

VIe PARTIE.

RAPPORT *sur le Matériel, l'Instruction, la Police et la Discipline; la Santé des Hommes et des Chevaux.*

			En service.	En magasin.	Totaux.	Manquant au complet.	Excédant le complet.
RESSOURCES des Magasins. (6)	Habillement.						
	Grand équipement.						
	Armement.	Mousquetons.					
		Pistolets					
		Sabres d'infanterie.					
		Sabres de cavalerie.					
	Harnachement.						
	Effets au compte de la masse individuelle.						
INSTRUCTION.							
POLICE ET DISCIPLINE.							
ÉTAT DE SANTÉ	des hommes.						
	des chevaux.						
OBSERVATIONS et demandes.							

(6) On entend par ressources des magasins, l'indication sommaire,

1° Des quantités d'effets et armes existant en magasin et pouvant équiper entièrement tant d'hommes et tant de chevaux, ou s'il manque une partie des effets pour leur entier équipement, leur désignation et leur nombre ;

2° Le nombre et l'espèce d'effets d'habillement, etc., en confection ou attendus des magasins de l'État, ou l'époque présumée de leur versement dans les magasins du corps.

FAIT à le 18

Le Commandant l

Ministère de la Guerre.

Direction d

Bureau

d

e Division militaire.

Complet (1) déterminé.

Troupe. . . .

Chevaux. . .

GENDARMERIE

Circulaire minist du 18 décembre 1821.

MODÈLE n° 1er (G).

GENDARMERIE,

Pour les compagnies départementales.

LÉGION.

Compagnie d

(Chef-lieu)

Ire PARTIE. ***Situation*, par grade, *au* 1er 18**

DÉSIGNATION DES GRADES.	HOMMES.											CHEVAUX.								OBSERVATIONS.
		ABSENS.				DÉTACHÉS.								DÉTACHÉS.						
	Présens.	Détachés dans la	En congé et en semestre.	Aux hôpitaux.	En mission, en jugement, en détention.	Hors de la	À l'armée ou en remplacement.	Effectif.	Complet déterminé.	Manque au complet.	Excédant le complet.	Présens.	Détachés dans la division.	Hors de la	À l'armée ou en remplacement.	Effectif.	Complet déterminé.	Manque au complet.	Excédant le complet.	
1.	2.	3.	4.	5.	6.	7.	8.	9.	10.	11.	12.	13.	14.	15.	16.	17.	18.	19.	20.	21.
OFFICIERS. Chef de Légion, pour mémoire, seulement sur l'État de la Compagnie chef-lieu: Colonel.																				OFFICIERS A LA SUITE. (Noms, grades et résidences.)
ou Lieutenant Colonel																				
Commandant: Chef d'escadron.																				
Capitaine.																				
Trésorier (.																				
Capitaine commandant de lieutenance. . .																				
Lieutenans et Sous-Lieutenans.																				
Total des Officiers.																				
TROUPE. À pied. Maréchaux-des-logis.																				
Brigadiers.																				
Gendarmes.																				
À cheval. Maréchaux-des-logis.																				SOUS-OFFICIERS ET GENDARMES A LA SUITE. (Noms, grades et résidences.)
Brigadiers.																				
Gendarmes.																				
Total des Sous-officiers et gendarmes à pied et à cheval.																				EN CONGÉ D'UN AN. (Noms, grades et résidences.)
Enfans de troupe.																				
Hommes en subsistance (2).																				

(1) Éléments du complet de la Troupe pour la Gendarmerie départementale.

BRIGADES.	Maréch.-des-logis.	Brigad.	Gendarm.	Total.
À pied de 5 hommes.				
À cheval de 5 hommes.				
de 6 hommes.				
Totaux.				

(2) On devra indiquer dans la colonne d'observations les corps d'où proviennent ces hommes, et relater les ordres en vertu desquels ils ont été admis.

IIe PARTIE. *Situation par Bataillon, Escadron ou Dépôt.*

NOMS de MM. les colonel, Lieutenant-colonel et Major.	NUMÉROS des bataillons ou escadrons.	NOMS de MM. les chefs de bataillon ou d'escadron, des commandans de compagnie formant corps et des commandans du dépôt.	EMPLACEMENT.	DANS LA — PRÉSENS sous les armes. — Hommes. — Officiers.	Sous-officiers et soldats.	Chevaux. — d'Officiers.	de troupe.	ABSENS. — Officiers. — En congé, en jugement, etc.	Aux hôpitaux.	Troupe. — En congé et en semestre.	Aux hôpitaux.	En jugement, détenus, etc.	DÉTACHÉS HORS DE LA — EMPLACEMENT des détachés et motifs de l'absence.	PRÉSENS. — Hommes. — Officiers.	Sous-officiers et soldats.	Chevaux. — d'officiers.	de troupe.	ABSENS. — Hommes. — Officiers.	Sous-Officiers et soldats.	DÉSIGNATION du corps d'armée ou du lieu du rassemblement; date de la dernière situation.
1.	2.	3.	4.	5.	6.	7.	8.	9.	10.	11.	12.	13.	14.	15.	16.	17.	18.	19.	20.	21.
			TOTAUX.																	

IIIe PARTIE. *MUTATIONS survenues du 1er au 5 18*

	Officiers.	Troupe.	Chevaux.	Officiers.	Troupe.	Chevaux.
L'EFFECTIF au 1er du mois d était de						
GAINS. — HOMMES. — Officiers nouvellement admis.						
Recrues. — engagés volontaires.						
Recrues. — appelés.						
Recrues. — remplaçans d'appelés.						
Remplaçans admis par le corps.						
Venus d'autres corps.						
Rayés des contrôles, rentrés.						
CHEVAUX. — Achetés par les officiers.						
Venus — d'autres corps.						
Venus — des remontes.						
TOTAUX à reporter.						

	Officiers.	Troupe.	Chevaux.	Officiers.	Troupe.	Chevaux.
Report.						
PERTES. — HOMMES. — Morts.						
Prisonniers de guerre.						
Désertés.						
Rayés par jugement ou longue absence.						
Passés — à la gendarmerie.						
Passés — à d'autres corps.						
Passés — aux vétérans.						
Passés — aux invalides.						
Passés — à des corps de punition.						
Faits Officiers.						
Remplacés au corps.						
Congédiés — avec retraite.						
Congédiés — par réforme.						
Congédiés — par libération.						
CHEVAUX. — Vendus par les officiers.						
Morts.						
Abattus.						
Livrés aux Officiers nouvellement promus.						
Emmenés par les déserteurs.						
Réformés.						
Passés à d'autres corps.						
Reste égal à l'effectif.						

SOMMES A PAYER.

Report d'autre part de la Solde des Sous-Officiers et Gendarmes.

A AJOUTER.

1° Indemnité pour services extraordinaires et découchers à l'intérieur.

M^tres-des-Logis à cheval. journées à » 70 c.
Brigadiers. . *id.* . . . . journées à » 60. . . .
Gendarmes. . *id.* . . . . journées à » 50. . . .

Total des journées.

M^tres-des-logis à pied. . . journées à » 60 c. . . . .
Brigadiers. . *id.* . . . . journées à » 50. . . . .
Gendarmes. . *id.* . . . . journées à » 40. . . . .

Total des journées.

2° Indemnité pour services aux armées.

M^tres-des-Logis à cheval. journées à » 90 c. . . . .
Brigadiers . . *id.* . . . . journées à » 80 . . . .
Gendarmes. . *id.* . . . . journées à » 70. . . . .

Total des journées.

M^tres-des-logis à pied. . . journées à » 70 c. . . . .
Brigadiers. . *id.* . . . . journées à » 60 . . . .
Gendarmes. . *id.* . . . . journées à » 50 . . . .

Total des journées.

3° Abonnement de fourrages.

Rations complètes de fourrages, consommées par les chevaux des Sous-Officiers et Gendarmes pendant le mois, à raison de fr. c. . . . .

Indemnité représentative d'un fr. par ration aux Sous-Officiers et Gendarmes qui se rendent avec leurs chevaux, à de nouvelles destinations hors de leur département. . . . .

4° Abonnement d'entretien, de remonte et de secours, d'après le nombre de journées donnant droit à la solde.

Journées de S.-Offic. et Gendarmes à cheval à raison de fr. par homme et par an. . . . .
de Sous-Officiers et Gendarmes à pied, à f. par homme et par an. . . . .

4° *bis*. Portion de l'abonnement de secours pour frais administratifs.

Journées de S.-Officiers et Gendarmes détachés des deux armes, à raison de 15 c. par homme et par mois.
Déduction pour les compagnies titulaires des hommes détachés. .
Augmentation pour les compagnies qui administrent les détachements. . . . .

5° 1res mises d'habillement aux nouveaux admis sortant des Corps de la Ligne.

à Sous-Officiers et Gendarmes à cheval, à . . . . .
à Sous-Officiers et Gendarmes à pied, à . . . . .

6° Frais de Prévôté des Maréchaux-des-Logis greffiers des Prévôts aux armées.

7°

Total. . . . .

Report des sommes revenant aux Officiers.

Total général. . . .

Nous soussignés, Membres composant le Conseil d'administration de la Compagnie de Gendarmerie d *certifions le présent État portant décompte à la somme de* *à payer pour solde, indemnités et abonnemens du mois d*

A *le* 18

(1) Ces États ne pourront être valablement arrêtés et signés que par un Sous-Intendant militaire qui inscrira ici son nom et son grade.

Vu et vérifié par nous (1) employé à le présent État s'élevant à la somme totale de. . . . .

SOMMES A PAYER.

Report d'autre part. . . . . .

Sur laquelle somme on doit faire les augmentations et diminutions suivantes :

Augmentations par suite,
1° des décomptes de libération ;
2° de la rectification des revues ;
3° du rejet des acquits d'avances pour effets de petit équipement;
4° des ordres particuliers du Ministre.

Nota. On devra détailler chaque article des augmentations.

TOTAL. . . .

Diminutions par suite,
1°) des décomptes de libération ;
2° de la rectification des revues ;
3° de l'imputation d'acquits d'avances pour effets de petit équipement ;
4° du remboursement de tout ou partie des premières mises ;
5° des ordres particuliers du Ministre.

Nota. On devra détailler chaque article des diminutions.

Il resterait. . . . . .

Le montant de la retenue de 2 p. o/o au profit du Trésor substitué aux droits de l'ancienne dotation des Invalides, ci. . . . . .

Il reste à payer à la partie prenante . . .
(Cette somme est celle qui doit être portée dans l'arrêté et dans la quittance.)

MONTANT (à indiquer par l'Intendant) des crédits ou des portions de crédits cumulés, dont les titulaires des crédits s'est réservé la disposition.

MONTANT (à indiquer par le Sous-Intendant) des sous délégations cumulées. . .

Numéro du dernier crédit

N° du Registre des mandats.

NOUS arrêtons, en conséquence, le présent État à la somme totale de que nous mandons à M.

Payeur de de payer au Conseil d'administration de la Compagnie de Gendarmerie du département d pour les causes ci-dessus détaillées.

La retenue de 2 p. o/o à exercer par le Payeur au profit du Trésor, substitué aux droits de l'ancienne dotation des Invalides, est de

Fait à le 18

QUITTANCE.

(a) Pour les Déclarations de Quittance, on mettra à la main au-dessus de ce mot :

DÉCLARATION DE

(*) On mettra suivant le cas : *avoir reçu de M. . . . payeur de . . la somme d. . . .* ou *avoir donné à M. . . . payeur de. . . quittance de la somme de. . .*

Nous soussignés, Membres composant le Conseil d'administration de la Compagnie de Gendarmerie du Département d reconnaissons avoir (*) Payeur de la somme de

portée au présent État

A le 18

e DIVISION MILITAIRE, ou Armée d | EXERCICE 18 | CHAPITRE | ARTICLE | DU BUDGET | SERVICE DE LA SOLDE. | ÉTAT DE PAIEMENT. N° 1er; art. 249.

Département d

Place d

SOLDE
et accessoires payables comme la Solde.

mois d 18

GENDARMERIE.

e **LÉGION.**

COMPAGNIE d

ÉTAT de l'Effectif au 18 *des Officiers, Sous-Officiers et Gendarmes stationnés dans le Département d pour servir au décompte et au paiement de leur Solde, Indemnités et Abonnemens, pendant le mois d*

(a) QUITTANCE.

Acquit imputable sur la Revue du trimestre 18

(a) Pour les Déclarations de Quittance, on mettra à la main au-dessus de ce mot : DÉCLARATION DE

OFFICIERS.

NOMS ET GRADES des OFFICIERS. (1)	Effectif.	MUTATIONS ET MOUVEMENS.	NOMBRE DE JOURNÉES DE SOLDE					DÉCOMPTE EN DENIERS.	NOMBRE de journées d'abonnement de Fourrages. (2)
			de présence.	de congé.	d'hôpital ou aux eaux.	en détention.	en captivité.		

Total *des sommes portées au décompte en deniers, et qui sont passibles de la retenue de 2 pour 100 au profit de l'Hôtel des Invalides.*

A AJOUTER :

1° Indemnités pour les services extraordinaires.
- Chef de Légion. . . . . journées à 5 fr. » c.
- Chef d'escadron. . . . . journées à 4 » c.
- Capitaine. . . . . journées à 3 » c.
- Lieutenans et Sous-Lieutenans journées à 2 f. 50 c. c.

2° Frais de Revues et de Tournées.
- du Chef de Légion. . . . .
- du Chef d'escadron ou du Capitaine, à 150 fr. l'une. . . . .
- Lieutenans ou Sous-Lieutenans, à 50 fr. l'une. . . . .

3° Frais de bureau du Trésorier . . . . .

4° Indemnité de Logement (3). . . . .
- Chef de Légion. . . . . journées à
- Chef d'Escadron. . . . . journées à
- Capitaine. . . . . journées à
- Trésorier . . . . . journées à
- Lieutenans et Sous-Lieutenans journées à

5° Fourrages. . . . .
- Rations complètes de fourrages pour les chevaux des Officiers pendant le mois, à raison de fr. c. . . . .
- Indemnité représentative d'un franc par ration aux Officiers qui se rendent, avec leurs chevaux, à de nouvelles destinations. . . . .

6° Frais de prévôté. . . . .
- Grands-Prévôts. . . . .
- Prévôts. . . . .
- Lieutenans greffiers des Grands-Prévôts. . . . .

Total pour les Officiers. . . . .

(1) Les Chefs de Légion seront compris dans l'État de la Compagnie du Département de leur résidence. [illegible]

(2) [illegible]

(3) [illegible]

(1) Cette colonne est destinée à recevoir le nombre de journées donnant droit aux rations de fourrages, dont le décompte sera fait séparément à la fin de l'État.

SOUS-OFFICIERS ET GENDARMES.

DÉSIGNATION DES GRADES.	Effectif par grade et par arme.	MUTATIONS ET MOUVEMENS. (Porter nominativement les hommes qui ont éprouvé des mutations.)	NOMBRE DE JOURNÉES DE SOLDE de présence.	de congé.	d'hôpital ou aux eaux.	en détention.	en captivité.	DÉCOMPTE EN DENIERS.	NOMBRE de journées d'abonnement de fourrages. (1)
BRIGADES A CHEVAL.									

LÉGION.

COMPAGNIE
d

Mois d

An 18

Nota. Les indemnités pour les services extraordinaires, d'une durée périodique de deux mois au moins, sont portées en tête de l'état, et ne doivent pas être confondues avec les indemnités pour le service accidentel ou de découchers, qui sont placées à la suite après un intervalle de quelques lignes.

Etat recapitulatif des indemnités de service extraordinaire et de découchers.
Modèle n. 3 bis (Art. 238).

GENDARMERIE ROYALE.

ÉTAT des Indemnités de Service extraordinaire et de découchers dues aux Officiers, Sous-Officiers et Gendarmes du département d

(Cet état sera aussi dressé par trimestre pour être joint aux revues.)

NOMS.	GRADES.	RÉSIDENCES.	DÉSIGNATION des Lieux où ils se sont rendus, et distances de leurs résidences.	JOUR du départem. de la résidence	JOUR de la rentr. à la résidence	NOMBRE DE JOURNÉES donnant droit aux indemnités pour les Officiers.	Mar.-d.-logis.	Brigadiers.	Gendarmes.	SOMMES individuelles.	INDICATION DES AUTORITÉS qui ont requis les gendarm. ou des Chefs de l'arme qui ont expédié les ordres de service, et Motifs des déplacemens et des séjours hors des résidences.

RÉCAPITULATION.

Officiers. . . . .
Cavalerie. . . . .
Infanterie. . . . .

Total. . . . . .

Nous Membres composant le Conseil d'administration de la Gendarmerie royale du départ. d certifions avoir dressé le présent Etat montant à la somme d d'après les réquisitions des magistrats, et les ordres de service et de découchers qui nous ont été représentés, et que nous avons remis à M. le Sous-Intendant militaire
A le

Vu, vérifié et arrêté par moi Sous-Intendant militaire, le présent Etat à la somme de d'après l'examen que j'ai fait des pièces justificatives ci-dessus énoncées du service extraordinaire des Officiers, Sous-Officiers et Gendarmes, pendant le mois d lesquelles pièces sont restées entre mes mains, conformément aux Règlemens de la Gendarmerie.
A le

LÉGION.

REVUE ANNUELLE DES CHEFS DE LÉGION.

ANNÉE 18

FEUILLES ITINÉRAIRES. MODÈLES N. 4 (Art. 239).

GENDARMERIE ROYALE.

Feuille de la Revue faite par M.

DÉSIGNATION des Lieutenances.	des compagnies.	LIEUX de Réunion des Brigades pour la Revue.	ÉPOQUE de la Revue.	CERTIFICATS de présence délivrés par MM. les Préfets ou Sous-Préfets.

LÉGION.

COMPAGNIE

d

TOURNÉE des Commandans de Compagnies et des Lieutenans, du mois d

M.

GENDARMERIE ROYALE.

Feuille justificative de la tournée du mois d
18 *, faite par M*

Ces certificats sont signés par les fonctionnaires de l'intendance militaire, non seulement dans les places où ils résident, mais encore dans celles où leurs fonctions les appellent (*Circ. du 17 février* 1836).

LIEUX DE RÉSIDENCE DES BRIGADES.	INDICATION DU JOUR où la Brigade a été inspectée.	CERTIFICATS D'ARRIVÉE.	*OBSERVATIONS.*
		Nous, Maire soussigné, certifions que M. s'est présenté dans la commune d le et a requis de nous le visa de sa feuille de tournée.	
		Nous, Maire soussigné, certifions que M. s'est présenté dans la commune d le et a requis de nous le visa de sa feuille de tournée.	

Certificat de non logement (Modèle n° 5) (Art. 240.)

DÉPARTEMENT

d

VILLE

d

SERVICE DE LA GENDARMERIE ROYALE.

Le Maire d

certifie que M. [*]

* Enoncer le grade.

de Gendarmerie à la même résidence, s'est logé à ses frais pendant le trimestre 18 , par suite de l'impossibilité de pourvoir à son logement dans les bâtimens civils, et à défaut de locaux suffisans dans les casernes des brigades.

A le 18

Vu et vérifié par nous Sous-Préfet de l'arrondissement d

DÉPARTEMENT

d

MODÈLE N. 4 bis (ART. 239).

GENDARMERIE ROYALE.

FRAIS
de
TOURNÉES.

LÉGION.

MOIS d
AN

ÉTAT des Frais de Revues et de Tournées des Officiers de la Gendarmerie du Département d

NOTA. Cet état sera aussi dressé par trimestre pour être joint au revues.

NOMS des OFFICIERS.	GRADES.	NOMBRE de TOURNÉES.	MOIS.	QUOTITÉ de L'INDEMNITÉ	(*)	OBSERVAT.
					(*) Colonne pour les indemn. établies par trim.	

Nous, Membres composant le Conseil d'administration de la Gendarmerie royale du département d certifions avoir dressé le présent État montant à la somme de , d'après les feuilles itinéraires ou sont inscrits les Certificats des Préfets, Sous-Préfets, ou Maires et Adjoints, constatant qu'en exécution de l'ordonnance de service du 29 octobre 1820, les Officiers susnommés ont fait leurs tournées pendant le mois d

A le

Vu, vérifié et arrêté par moi, Sous-Intendant militaire, le présent État montant à la somme de , d'après l'examen que j'ai fait des Feuilles itinéraires prescrites par l'art. 237 du Règlement d'administration de la Gendarmerie, et constatant que les Officiers susnommés ont fait leurs tournées pendant le mois d

A le

LÉGION.

COMPAGNIE

d

MOIS D

AN 18

Cet état est dressé par trimestre pour les revues de comptabilité.

MODÈLE N. 5 *bis* (ART. 240).

GENDARMERIE ROYALE.

État Nominatif de MM. les Officiers de la Compagnie d
logés à leurs frais, à défaut de locaux disponibles dans les casernes fournies par les départemens, et qui ont droit à l'indemnité de logement sur les fonds de la Guerre pendant le

NOMS et PRÉNOMS.	GRADES.	RÉSIDENCES.	NOMBRE de JOURNÉES.	MONTANT de l'indemnité par mois.	DÉCOMPTE des sommes dues pendant le	*OBSERVATIONS.*
		TOTAL. . .				

Certifié par nous, Membres du Conseil d'Administration de ladite Compagnie, soussignés, le présent État montant à la somme de
et appuyé des certificats des autorités administratives, constatant l'impossibilité de pourvoir au logement des Officiers dans les bâtimens civils.

Vu et vérifié par nous Sous-Intendant Militaire chargé de la surveillance administrative de la Compagnie.

A *le* 18

1er feuillet.

GENDARMERIE ROYALE.

COMPAGNIE du Dépt. d

LIVRET DE SOLDE.

18

Livret contenant feuillets, celui-ci compris, qui ont été cotés et paraphés par nous

Sous-Intendant militaire employé à

pour servir à l'enregistrement des sommes que les Payeurs compteront pour Solde, Abonnement et Indemnités de toute espèce, ou à quelque titre que ce soit, au Conseil d'administration de la Compagnie de Gendarmerie du Département d pendant l'année 18

A le 18

2)

Signatures des Membres du Conseil d'administration
(ou du Commandant du Détachement).

Signatures des Membres suppléans.

(3

ANNOTATIONS
particulières à porter sur les Livrets.

4)

Enregistrement (*en toutes lettres*) des paiemens faits par les Payeurs, avec indication de la nature de chaque dépense, et des noms et grades des signataires des mandats ou ordonnance de paiement.

(5

SOMMES PAYÉES POUR

SOLDE.	INDEMNITÉS				ABONNEMENS			TOTAL.
	de service extraord. et de découch.	de revues et de tournées.	de logement		de fourrages.	de remonte et de secours	d'entretien des armes.	

AN 18

GENDARMERIE ROYALE.

LÉGION.

COMPAGNIE DU DÉPARTEMENT d

OU FORCE PUBLIQUE DE L'ARMÉE d OU DU RASSEMBLEMENT d

CONTRÔLE NOMINATIF

DES OFFICIERS, SOUS-OFFICIERS ET GENDARMES

Composant ladite Compagnie pendant l'an 18

(a)

(a) Cet espace est destiné aux annotations particulières pour les mouvemens extraordinaires de quelques portions de la Compagnie, pour les fournitures de vivres de campagne, de liquides et autres, et pour l'arrêté des Contrôles.

OFFICIERS.

* On portera toujours la date de la naissance et le nombre des années.

OFFICIERS.

NOMS, Prénoms et Age. *	LIEUX et date de naissance	Dernier domicile.	Grades.	Numéros du Registre de signalem.	Dernier mouvement des hommes absens au premier jour de l'année	1er trimestre. —	2e trimestre —	3e trimestre. —	4e trimestre. —

1 Lorsqu'un homme sortira de sa résidence pour se rendre à l'hôpital, on indiquera toujours l'hôpital sur lequel il aura à se diriger, et sa situation financière.

On portera aussi pour les hommes réformés, démissionnaires, désertés, décédés à la résidence, et pour les prisonniers de guerre, leurs comptes individuels de la masse de compagnie.

SOUS-OFFICIERS ET GENDARMES.

Numéros des hom.	NOMS et PRÉNOMS.	LIEUX et dates de naissanc	DERNIER domicile.	GRADES.	NUMÉROS du registre de signalem.	DATES de l'entrée au service dans la gendarm.	Dernier mouvement des hommes absens au premier jour de l'ann.	1er trimestre — *	2e trimestre. — *	3e trimestre. — *	4e trimestre. — *
1											
2											
3											

CHEVAUX DES OFFICIERS.

NUMÉROS des Cases.	Noms et grades des Officiers auxquels les chevaux appartiennent.	NOMS des Chevaux.	Signalemens des Chevaux.	DERNIERS mouvemens des chevaux absens au premier janv.	1er trimestre. —	2e trimestre. —	3e trimestre. —	4e trimestre. —

CHEVAUX DES SOUS-OFFICIERS ET GENDARMES.

NUMÉROS des Cases.	Noms des Sous-Officiers et Gendarmes auxquels les chev. appartiennent.	NOMS des Chevaux.	Signalemens des Chevaux.	DERNIERS mouvemens des chevaux absens au premier janv.	1er trimestre. —	2e trimestre. —	3e trimestre. —	4e trimestre. —
1								
2								
3								
4								

DÉPENSES.						
DÉSIGNATION DES MOIS.	Prix commun par ration complet.	SOMMES allouées à la Compagnie pour les brigades.	SOMMES payées par le Conseil d'administ. aux brigades.	Paiemens faits par les Brigades aux fournisseurs.	Reste dû aux fournisseurs.	OBSERVAT.
Gendarmes en service extraordinaire remboursés de leurs achats de fourrages au moyen de l'indemnité représentative d'un franc par ration.						
Totaux pour les Brigades						
Paiement à MM. les Officiers des allocations faites à la Compagnie pour leur abonnement de fourrages.						
Différence entre les allocations du prix commun et les paiemens faits aux brigades.						
Montant du fonds de réserve au 1er jour du trimestre.						
Total du fonds de réserve.						

Le Conseil d'administration de la Compagnie d certifie que, d'après le relevé des États de situation et de distributions journalières des fourrages dans chaque Brigade à cheval du Département, lesquels États lui ont été transmis par les Lieutenans, avec leurs observations, il a reconnu que, pendant le trimestre 18 , le montant des approvisionnemens des brigades a été de kilogrammes de foin, de kilogrammes de paille et de litres d'avoine ; que la consommation s'est élevée durant le même trimestre à la quantité de kilogrammes de foin, de kilogrammes de paille et de litres d'avoine, faisant rations complètes, et qu'il restait dans les magasins au 1er , la quantité de kilogrammes de foin, de kilogrammes de paille et de litres d'avoine, ou rations complètes de foin, de paille et d'avoine.

Certifie en outre que, pendant le même trimestre, les sommes payées aux brigades avec la solde, pour l'abonnement de fourrages, et d'après leurs prix particuliers, se sont élevées à la somme de
et qu'il appert du compte rendu de l'examen fait par les Lieutenans, des quittances détachées ou portées sur le Journal général de versemens et de consommation dans chaque résidence, que les brigades ont effectué le paiement à leurs fournisseurs des sommes indiquées au tableau ci-dessus.

Il résulte encore de la différence entre les allocations faites à la Compagnie et les répartitions aux brigades que le fonds de réserve des fourrages s'élève en totalité, à la fin de ce trimestre, à la somme de

Fait et arrêté par nous, Membres du Conseil d'administration, soussigné, le

Vu et vérifié par nous Sous-Intendant militaire, chargé de la surveillance administrative de la Compagnie.

DECOMPTE EN DENIERS.

DÉSIGNATION DES GRADES.	NOMBRE DE JOURNÉES — DE SOLDE à décompter, de présence.	en congé.	à l'hôpital.	en détention.	en captivité.	TOTAL des journées donnant droit à l'abonnement de remonte et de secours.	DÉCOMPTE EN DENIERS RÉSULTANT DES JOURNÉES — POUR SOLDE de présence.	en congé.	à l'hôpital.	en détention.	en captivité.	TOTAUX des DÉCOMPTES.	Nombre de journées donnant droit, suivant les grades, à l'abonnement de Fourrages et dont le décompte en deniers est porté au bas de la page.
OFFICIERS. Colonel.													
Chef d'escadron.													
Capitaine.													
Trésorier.													
Lieutenans et S.-Lieutenans.													
TOTAUX.													
OFFICIERS détachés d'autres compagnies.													
TOTAUX pour les Officiers.													
TROUPE. Brigades à cheval. Maréch.-des-log.													
Brigadiers.													
Gend. et Tromp.													
Brigades à pied. Maréch.-des-log.													
Brigadiers.													
Gendarmes.													
Milit. admis en subsistance.													
TOTAUX des S.-Offic. et Gend.													
Détachemens provisoires.													
TROUPE. Brigades à cheval. Maréch.-des-log.													
Brigadiers.													
Gendarmes.													
Brigades à pied. Maréch.-des-log.													
Brigadiers.													
Gendarmes.													
TOTAL des journées donnant droit aux *frais d'administration*, à raison de 25 c. par mois.*													
TOTAUX de la solde des détachés d'autres Compagnies.													
TOTAUX réunis pour les Sous-Officiers et Gendarmes.													

REPORT des sommes ci-dessus revenant aux Officiers, et qui doivent supporter la retenue de 2 fr. pour cent au profit de l'Hôtel des Invalides.

A AJOUTER :		NOMBRE de journées.	SOMMES A PAYER.
INDEMNITÉ de service extraordinaire, tant dans l'intérieur qu'aux armées, pour MM. les Officiers.	Colonel.		
	Chef d'escadron.		
	Capitaine.		
	Trésorier.		
	Lieutenans et Sous-Lieutenans.		
FRAIS de revues et de tournées de MM. les Officiers.	Colonel.	tournées.	
	Chef d'Escadron.	tournées.	
	Capitaine.	tournées.	
	Lieutenans.	tournées.	
FRAIS de bureau du Trésorier.			
INDEMNITÉ de logement aux Officiers qui n'ont pu être logés dans les bâtimens militaires ou maisons servant de caserne à la Gendarmerie.	Colonel.		
	Chef d'Escadron.		
	Capitaine.		
	Trésorier.		
	Lieutenans et Sous-Lieutenans.		
FRAIS de Prévôté des Officiers.	Grand-Prévôt.		
	Prévôt.		
	Lieutenant greffier du Grand-Prévôt.		
FOURRAGES consommés pendant le Trimestre.	Rations complètes pour les chevaux des Officiers, à raison de f. c. la ration. et.		
	Rations complètes pour les chevaux des Sous-Officiers et Gendarmes, au même prix.		
	Indemnité d'un franc par ration aux militaires qui se rendent avec leurs chevaux à de nouvelles destinations hors de leur département. — Officiers.		
	Sous-Officiers et Gendarmes.		
INDEMNITÉS de service extraordinaire et de découchers aux Sous-Officiers et Gendarmes. — Dans l'intérieur. Brigades à cheval.	Maréchaux-des-logis.		
	Brigadiers.		
	Gendarmes et Tromp.		
Dans l'intérieur. Brigades à pied.	Maréchaux-des-logis.		
	Brigadiers.		
	Gendarmes.		
Aux armées. Brigades à cheval.	Maréchaux-des-logis.		
	Brigadiers.		
	Gendarmes et Tromp.		
Aux armées. Brigades à pied.	Maréchaux-des-logis.		
	Brigadiers.		
	Gendarmes.		
REPORT de la solde et supplément, compris au décompte en deniers pour les Sous-Officiers et Gendarmes.			
	A reporter		

* *Ces mêmes journées donneront droit à l'allocation de l'abonnement fixe pour chaque remonte aux Compagnies qui ont fourni les hommes, moins toutefois les 25 c., pour frais administratifs.*

	SOMMES à PAYER.	TOTAUX des DÉCOMPTES.
Report d'autre part.		
Trimestre.		
ABONNEMENT DE REMONTE ET DE SECOURS d'après le nombre des journées des Sous-Officiers et Gendarmes donnant droit à la solde. . . . . — Journées de S.-Officiers et Gendarmes à cheval, à raison de fr. par an et par homme — Journées de S.-Officiers et Gendarmes à pied, à raison de par an et par homme		
Portion de l'abonnement de secours pour frais administratifs. — Journées de Sous-Officiers et Gendarmes détachés des deux armes, à raison de 25 c. par homme et par mois. . . . . — déduction pour les compagnies titulaires des hommes détachés. . . . . . — augmentation pour les compagnies qui administrent les détachements		
PREMIÈRES MISES D'HABILLEMENT AUX hommes nouvellement admis, sortant des corps de la ligne. . . . . — Allocation à Sous-Officiers et Gendarmes à cheval à fr. . . . . — Allocation à Sous-Officiers et Gendarmes à pied à 150		
FRAIS DE PRÉVÔTÉ AUX Maréchaux-des-logis greffiers des Prévôt		
TOTAL GÉNÉRAL		
A Déduire . . . . pour remboursement des premières mises dont la propriété n'a pas été acquise.		
RESTE.		

Décompte des fournitures en nature, d'après les journées de présence.

DESIGNATION des GRADES.	NOMBRE DE RATIONS D'APRES LES JOURNÉES DE PRÉSENCE POUR — Vivres sur le pied de paix, pour service extraord. dans l'intérieur.		Vivres de campagnes pour service extraordinaire, tant dans l'intérieur qu'aux armées.					CHAUFFAGE.		FOURNITURES EXTRAORDINAIRES				Fourrages en nature pour service extraordinaire, tant dans l'intérieur qu'aux armées.		
	Pain.	Biscuit.	Pain.	Biscuit.	Viande.	Riz ou Légumes.	Sel.	En été.	En hiver.	Eau-de-vie.		Vin.	Vinaigre.	Sur le pied de paix.	Sur le pied de guerre.	En route.
Officiers.																
Troupe.																
TOTAL. . .																

Certifié par nous, Trésorier de ladite Compagnie, la présente Feuille de Journées dont les décomptes s'élèvent,

SAVOIR :

Ceux en argent, à la somme d

Ceux en nature, à

à
à
à
à
à
à
à
à
à
à
à
à
à
à
à
à
à
à
à

rations de vivres-pain sur le pied de paix.
idem de biscuit, *idem.*
idem de vivres-pain, en campagne.
idem de biscuit, *idem*
idem de viande, *idem.*
idem de riz ou de légumes, *idem.*
idem de sel, *idem.*
idem de chauffage en été.
idem en hiver.
idem d'eau-de-vie.
idem de
idem de vin.
idem de vinaigre.
idem de fourrages sur le pied de paix.
idem de fourrages sur le pied de guerre.
idem de fourrages en route.
idem de fourrages en vert.
idem
idem
idem

A le

Vu et vérifié par nous Commandant ladite Compagnie

Vu, certifié conforme aux contrôles annuels tenus par nous Sous-Intendant militaire ayant l'inspection administrative de la Compagnie.

NOMBRE DE JOURNÉES						NOMBRE de REVUES et Tournées effectuées (K)	JOURNÉES donnant droit aux frais de bureau du Trésorier.	JOURNÉES d'indem. de logement.	JOURNÉES de présence des chev. donnant droit		JOURNÉES donnant droit aux vivres de campagne.				JOURNÉES donnant droit aux fourrages en nature.				
de SOLDE de présence.	DE SOLDE D'ABSENCE.				d'indemnité pour service extraord. à l'intérieur ou aux arm.				à l'allocation de fourrages, [illegible]	à l'indemnité représent. d'un franc par ration.	Pain.	Viande.	Riz ou Légumes.	Sel.	sur le pied de paix		sur le pied de guerre.	en route.	
	en congé.	à l'hôpital.	en détention.	en captivité.											en été.	en hiver.			

SOUS-OFFICIERS ET GENDARMES.

NOMS ET PRÉNOMS	GRADES	INDICATIF DES HOMMES (1)	MUTATIONS ET MOUVEMENS	JOURNÉES		JOURNÉES	JOURNÉES DE
			Brigade d				

(*) Indiquer le grade.

COMPOSITION ET SITUATION DE LA COMPAGNIE.

DÉSIGNATION DES GRADES.	Présens sous les armes.	DÉTACHÉS	en service extraordinaire dans l'intérieur.	en service extraordinaire aux armées ou hors du territoire.	En congé.	AUX HÔPITAUX, dans l'intérieur, dans le département.	dans l'intérieur, hors du département.	aux armées ou hors du territoire.	En jugement.	Prisonniers de guerre.	EFFECTIF.	MANQUE au complet.	COMPLET.	CHEVAUX Présens.	détachés dans l'intérieur.	détachés aux armées ou hors du territoire.	EFFECTIF.	MANQUE au complet.	COMPLET.
OFFICIERS.																			
Colonel.																			
Chef d'Escadron.																			
Capitaines.																			
(*) Trésorier.																			
Lieutenans et Sous-Lieutenans.																			
SOUS-OFFICIERS ET GENDARMES.																			
BRIGADES à cheval. Maréchaux-des-Logis.																			
Brigadiers.																			
Gendarmes et Trompettes.																			
BRIGADES à pied. Maréchaux-des-Logis.																			
Brigadiers.																			
Gendarmes et Tambours.																			
Militaires admis en subsistance.																			
Réunion de l'Effectif des Brigades à cheval et à pied.																			

RÉSULTAT des Mutations survenues dans l'Effectif depuis la dernière revue.

		BALANCE DES HOMMES. Officiers.	Troupe.	Officiers.	Troupe.
BRIGADES A CHEVAL.	L'EFFECTIF, à la dernière revue était de.				
GAIN.	Officiers nommés parmi les sous-officiers.				
	Idem venus d'autres compagnies ou d'autres corps.				
	Sous-officiers et gendarmes admis.				
	Idem venus d'autres compagnies.				
	Idem prisonniers de guerre rentrés.				
	TOTAUX.				
PERTE.	Sous-officiers faits officiers.				
	Destitués ou démissionnaires.				
	Passés à d'autres corps ou compagnies.				
	Congédiés. avec la solde de retraite.				
	Congédiés. sans retraite.				
	Rayés.				
	Désertés.				
	Morts.				
	EFFECTIF à la présente revue.				
BRIGADES A PIED.	L'EFFECTIF, à la dernière revue, était de.				
GAIN.	Sous-officiers et gendarmes admis.				
	Venus d'autres compagnies.				
	TOTAUX.				
PERTE.	Sous-officiers faits officiers.				
	Destitués ou démissionnaires.				
	Passés à d'autres corps ou compagnies.				
	Congédiés. avec solde de retraite.				
	Congédiés. sans retraite.				
	Morts.				
	Désertés.				
	Rayés.				
	EFFECTIF à la présente revue.				

		BALANCE DES CHEVAUX. Officiers.	Troupe.	Officiers.	Troupe.
	L'EFFECTIF, à la dernière revue, était de.				
GAIN.	Achetés par les officiers.				
	Venus avec les officiers.				
	Achetés par les sous-officiers et gendarmes.				
	Venus avec *idem*.				
	TOTAUX.				
PERTE.	Vendus par les officiers.				
	Emmenés par *idem*.				
	Vendus par les gendarmes.				
	Emmenés par *idem*.				
	Morts.				
	Réformés.				
	Abattus par la morve.				
	EFFECTIF à la présente revue.				

SITUATION DES MILITAIRES DÉTACHÉS ET ADMINISTRÉS MOMENTANÉMENT PAR LA COMPAGNIE.

		Officiers.	Troupe à cheval.	Troupe à pied.	Chevaux d'Officiers.	Chevaux de Troupe.
	L'EFFECTIF, à la dernière revue, était de.					
BALANCE.	GAIN. Admis pendant le trimestre.					
	TOTAUX.					
	PERTE. Hommes partis pour leurs Compagnies, ou					
	EFFECTIF à la présente revue.					

MODÈLE N° 15 (Art. 988).

DIVISION MILITAIRE.

DÉPARTEMENT d

ARMÉE d

ou

RASSEMBLEMENT

d

PLACE d

REVUE DU e TRIMESTRE

DE L'AN 18

GENDARMERIE DÉPARTEMENTALE.

LÉGION.

COMPAGNIE d

***FEUILLE DE JOURNÉES** des Officiers, Sous-Officiers et Gendarmes de la Compagnie du Département d présentant toutes les mutations survenues dans ladite Compagnie pendant les mois d de l'an 18 , et les décomptes de ses divers traitemens pendant le même temps, pour servir à la confection de la Revue de liquidation que doit établir M. Sous-Intendant militaire employé à*

Nota. Il est expressément recommandé à MM. les Commandans des Compagnies de veiller à ce que les Feuilles de journées soient écrites très-lisiblement et très-correctement, et à ce qu'elles soient toujours faites sur des imprimés entièrement conformes au présent modèle.

Toute Feuille de journées incorrecte, et faite sur un autre modèle que le présent, sera rejetée par les Sous-intendans militaires.

Les hommes morts, démissionnaires, congédiés, et généralement tous ceux qui ne doivent plus compter à l'effectif, seront portés, dans la Feuille de journées, au rang qui leur est assigné par leur grade et par la brigade à laquelle ils tiendront.

Les Sous-Officiers et Gendarmes qui montent à un nouveau grade, sont portés à l'ancien grade et à leur ancienne brigade jusqu'au jour où ils en sortent, et, à dater de ce jour, ils sont compris à l'article de leur nouveau grade et dans la nouvelle brigade.

On totalisera, par grades et par brigades, les journées de solde et d'indemnités diverses et à l'exception de l'abonnement de fourrages pour les Sous-officiers et Gendarmes : il n'est fait qu'un seul total de journées pour cette allocation. Il sera fait ensuite une récapitulation de ces diverses journées, par arme et par brigades.

On ne fera qu'un seul total pour chaque espèce de journées donnant droit aux rations de vivres et de fourrages; ces journées seront portées, pour les Officiers, en raison du nombre de rations revenant à chaque grade, et, pour les Sous-Officiers et Gendarmes, d'après les états de présence des chevaux.

On ne fera de même qu'un seul total pour chaque espèce de journées donnant droit aux fournitures extraordinaires en nature, pour les Sous-Officiers et Gendarmes des brigades à pied et à cheval.

(A) L'indication de la présence ou de l'absence sera notée, savoir : pour chacun des hommes présens, par le chiffre 1, et suivant qu'il y aura lieu, on ajoutera l'une des deux indications suivantes, *monté* ; *non monté* ;

Pour les hommes absens, mais comptant à l'effectif, par le mot principal de la cause de leur radiation, savoir : *à l'hôpital*, *détaché*, *en détention*, *en jugement*, *etc.*, et, suivant qu'il y aura lieu, on ajoutera le mot *monté* ou *non monté* ;

Pour les hommes perdus depuis la dernière revue, par le mot principal de la cause de leur radiation, savoir : *démissionnaire*, *destitué*, *mort*, *congédié*, *retraité*, *etc.*, et, suivant qu'il y aura lieu, on ajoutera le mot *monté* ou *non monté* ;

(B) On indiquera dans la colonne des mutations les époques où les tournées auront été faites.

NOMS ET PRÉNOMS.	GRADES.	AGE.	INDICATION DES OFFICIERS (A)			RÉSIDENCES.	MUTATIONS ET MOUVEMENS. Lorsqu'il y aura un changement de résidence, ou une promotion à un nouveau grade, ou une nomination, on relatera la date de l'ordre du Ministre en vertu duquel chaque changement de résidence, promotion ou nomination aura eu lieu. (B)
			Présens.	Absens, mais comptant à l'effectif.	Perdus depuis la dernière revue.		
			OFFICIERS.				

TABLE DES MATIÈRES.

PREMIÈRE PARTIE.

DES PRESTATIONS EN DENIERS ET EN NATURE.

TITRE PRÉLIMINAIRE.

Les traitemens de la Gendarmerie comprennent toutes les dépenses individuelles de subsistance, d'entretien et de remonte des officiers et de la troupe. 4

TITRE Ier. — DE LA SOLDE, DES INDEMNITÉS ET ABONNEMENS.

CHAPITRE Ier. — *De la Solde.*

SECTION Ire. — DIVISION DE LA SOLDE.

Fixation unique de la solde de présence. 4
Différentes espèces de solde d'absence. 6

SECTION II. — DES DROITS A LA SOLDE DE PRÉSENCE.

§ 1er. *Position en service ordinaire.*

Entrée en fonctions avec des lettres de service. *id.*
Sous-officiers et soldats congédiés de la ligne, admis provisoirement par les compagnies. 8
Militaires admis provisoirement dans la Gendarmerie d'élite. *id.*
Militaires de la ligne envoyés dans les compagnies par les Inspecteurs-généraux d'armes. *id.*
Officiers, sous-officiers et gendarmes passant dans la gendarmerie d'élite ou de la Seine, ou changeant de département. *id.*

PROMOTIONS.

Militaires promus à de nouveaux grades. 10.
Militaires passant avec ou sans avancement aux colonies. *id.*

POSITIONS PARTICULIÈRES.

Militaires quittant le service des colonies. *id.*
Militaires remplissant des fonctions d'un grade supérieur au leur. 12.
Suspension de la solde des hommes déplacés sans autorisation. *id.*
Sous-officier descendu à un grade inférieur. *id.*
Rentrée en solde des militaires de retour de captivité. 14.

§ II. *Positions en service extraordinaire.*

Durée des positions en service extraordinaire. *id.*
Traitement des détachemens de la gendarmerie de la Seine aux armées ou dans l'intérieur. *id.*
Militaires de la gendarmerie de Paris appelés aux armées. *id.*
Gendarmerie d'élite détachée hors des résidences royales. 16.

SECTION III. — DES DROITS A LA SOLDE D'ABSENCE.

§ 1er. Des *Permissions et Congés limités.*

Autorisation d'absence. 16.
Permission de huit jours avec solde, accordées par les Chefs de légion. *id.*
Congés limités de convalescence ou pour affaires personnelles, avec solde. *id.*
Les congés doivent être délivrés par le Ministre de la guerre. 18.
Renouvellement des congés, s'il n'en est pas fait usage dans le délai d'un mois. *id.*
Officiers obtenant un congé avant de se rendre à une nouvelle destination. *id.*
Militaire rappelé à son poste avant l'expiration de son congé. *id.*

§ II. Des *Prolongations de Congés.*

Comment les prolongations doivent être demandées. *id.*
Prolongations des congés pour affaires personnelles. *id.*
Prolongation des congés de convalescence. *id.*
Militaires rejoignant après les délais de leurs congés et prolongations. 20.

§ III. *Militaires traités aux hôpitaux.*

Droits à la solde d'hôpital. *id.*
Militaires traités dans des hospices civils. *id.*
Militaires se rendant aux eaux ou aux hôpitaux. *id.*
Militaires aux hôpitaux pendant leurs congés et après l'expiration de ces congés. 24.
Militaires traités hors des hôpitaux étant en congé. *id.*

§ IV. *Militaires mis en jugement ou en détention.*

Allocation du tiers du traitement aux militaires détenus ou suspendus de leurs fonctions. *id.*

§ V. *Des militaires en captivité.*

Traitemens accordés aux militaires échangés ou rentrés sur parole. 24.
Solde de captivité de la gendarmerie d'élite et de la Seine. *id.*
Avances de deux mois de solde de captivité. *id.*
Secours aux familles des prisonniers de guerre. *id.*

SECTION IV. — DE LA CESSATION DE L'ACTIVITÉ.

Époques de la cessation d'activité. *id.*
Admissions à la retraite ou aux invalides et au traitement de réforme. 26.
Démissions et réformes. *id.*
Désertions. 28.
Décès. *id.*
Emploi des masses non réclamées, appartenant à des absens ou décédés. *id.*

CHAPITRE II. — *Des accessoires de Solde.*

SECTION Ire. — DES INDEMNITÉS SUPPLÉMENTAIRES DE SOLDE POUR LES SERVICES EXTRAORDINAIRES.

Nature de ces services 28.
Bases de l'indemnité. *id.*
Réquisitions légales pour les services extraordinaires. 30.

§ Ier *Service hors de l'arrondissement de la Compagnie*

Officiers déplacés de leur département pour service accidentel. *id.*
Sous-officiers et gendarmes en service momentané hors de leurs compagnies. *id.*

§ II. *Découchers des Sous-Officiers et Gendarmes.*

Droits à l'indemnité pour les découchers. *id.*
Cas de découchers déterminés par la distance des lieux. *id.*
Cas particuliers de découchers. 32.
Exclusion des droits à l'indemnité pour le service habituel. *id.*
Même exclusion pour le transport des dépêches. *id.*
Droits de la gendarmerie maritime aux indemnités de découchers. *id.*

§ III. *Missions spéciales hors de la résidence.*

Militaires déplacés par suite des opérations du recrutement ou de la tenue des colléges électoraux. *id.*
Officiers commandant les dépôts de prisonniers de guerre étrangers. 34.
Remplacemens provisoires des officiers et sous-officiers. *id.*
Forces supplétives de gendarmerie. *id.*
Hommes détachés dans les postes provisoires. 36.

§ IV. *Garde et police des dépôts et ateliers de condamnés.*

Indemnité de station due aux détachemens près des dépôts. *id.*
Indemnité de marche aux gendarmes des dépôts. *id.*
Droits aux fournitures de pain et d'effets de campement. *id.*

§ V. *Détachemens extraordinaires dans l'intérieur.*

Formation des détachemens extraordinaires. 38.
Durée des droits à l'indemnité. *id.*
La gendarmerie d'élite en détachemens extraordinaires peut obtenir l'indemnité. *id.*
L'indemnité n'est pas due aux voltigeurs corses. *id.*
La gendarmerie destinée pour les colonies reçoit l'indemnité jusqu'au jour de l'embarquement. *id.*

§ VI. *Service des Forces publiques dans les camps et armées.*

Gendarmerie organisée en force publique pour les armées. *id.*
Forces publiques en service dans l'intérieur 40
Forces publiques sur le pied de guerre. 40
Service de la prévôté des armées. *id.*
La gendarmerie d'élite aux armées a droit à l'indemnité. *id.*
Prestations en nature aux forces publiques. *id.*

SECTION II. — DES INDEMNITÉS DE MARCHE.

Droits à l'indemnité ordinaire de route. *id.*
Droits aux avances en route, sauf imputation. 42
Frais de poste ou indemnités spéciales pour les missions extraordinaires. *id.*
Mouvemens de la gendarmerie maritime dans ses arrondissemens. *id.*
Mouvemens et mutations dans le département. *id.*
Déplacemens par mesure de discipline ou pour convenances personnelles. *id.*
Indemnité de route individuelle, quelle que soit la force des détachemens. *id.*
Militaires allant aux eaux ou aux hôpitaux hors du département. *id.*
Indemnité de traversée aux gendarmes allant en Corse ou qui en reviennent. 44

SECTION III. — DES INDEMNITÉS DIVERSES.

§ Ier. *Indemnité de logement et d'ameublement.*

Gendarmerie des légions, casernée par les départemens. Cas d'allocation de l'indemnité pour les officiers. *id.*
Droits des officiers de la gendarmerie d'élite et du bataillon des voltigeurs corse aux indemnités de logement. 46
Époques des allocations de l'indemnité de logement. *id.*
Indemnité allouée sans interruption aux officiers absens. *id.*
Indemnité pour les trésoriers, basée sur celle des capitaines. *id.*
Indemnité d'ameublement. *id.*
Indemnité de literie. *id.*
Effets de couchage militaire, due à la Gendarmerie d'élite et au bataillon de voltigeurs corses. 48

§ II *Des Frais de représentation.*

Indemnité de représentation au colonel de la gendarmerie d'élite : elle n'est pas due au chefs de légion. *id.*
Indemnité particulière aux chefs de légion commandant par intérim les départemens. *id.*

§ III. *Indemnités de Revue et de Tournées d'officiers.*

Règles d'allocation de ces indemnités 50
Indemnité pour les revues de chefs de légion. *id.*
Indemnité pour la tournée administrative des colonels. *id.*
Tournées des commandans de compagnies et des lieutenans. 52
Cas de non allocation de l'indemnité aux commandans de compagnies. *id.*
Officiers absens remplacés dans le service des tournées. *id.*
Les trésoriers ne font point de tournées. *id.*

Comment les tournées sont justifiées. 52
Tournées des officiers des compagnies maritimes 54

§ IV. *Frais de bureau et indemnités extraordinaires.*

Indemnité de 300 fr. aux trésoriers. *id.*
L'indemnité continue d'être allouée pendant les vacances. *id.*
Dépenses de bureau des Conseils d'administration. *id.*
Frais extraordinaires de bureau de la compagnie de la Seine. *id.*
Frais d'établissement de bureau des forces publiques. *id.*
Indemnités pour les fonctions de grands-prévôts et prévôts aux armées. *id.*
Indemnités aux greffiers des grands-prévôts et prévôts. *id.*

§ V. *Indemnités pour pertes aux armées.*

Elles sont dues aux officiers et à la troupe. 56

SECTION IV. — DES GRATIFICATIONS.

§ Ier. *Premières mises d'habillement.*

Droits des nouveaux admis extraits de la ligne ou ayant accompli un rengagement. *id.*
Cas d'allocation de la première mise aux militaires congédiés de la ligne. *id.*
Gendarmes à pied passant dans l'arme à cheval. 58
Gendarmes de Paris passant dans les légions. *id.*
Durée de service pour acquérir la propriété de la première mise, et cas de remboursement. *id.*
Les Conseils d'administration responsables des remboursemens. *id.*
Première mise aux hommes de retour de captivité. *id.*
Les maréchaux-des-logis promus officiers n'ont pas droit à une première mise d'équipement. *id.*

§ II. *De la gratification d'entrée en campagne.*

La gratification est due aux officiers des forces publiques des armées. 60
Les sous-officiers promus officiers ont droit à cette gratification. *id.*

CHAPITRE III.— *Des abonnemens.*

SECTION Ire. — ABONNEMENT D'ENTRETIEN D'HABILLEMENT, DE REMONTE ET DE SECOURS.

La gendarmerie n'a pas droit à la fourniture de chevaux au compte de l'État. *id.*
Abonnement d'entretien d'habillement, de remonte et de secours; comment il est alloué aux légions. *id.*
Abonnement d'entretien et de remonte de la gendarmerie d'élite et des voltigeurs corses. 62
Division de l'abonnement. *id.*
Fonds pour les frais administratifs et les secours annuels. *id.*
Fonds d'entretien et de remonte. 64
Avance de 400 francs aux nouveaux admis. *id.*
Comptes à tenir entre les compagnies pour frais d'administration des détachemens provisoires *id.*
Mode de propositions d'indemnités pour les hommes détachés. 66
Déduction à faire sur l'abonnement, en cas de formation de forces publiques. 66
Comptes annuels de l'abonnement. *id.*

SECTION II. — ABONNEMENT DE FOURRAGES.

La gendarmerie pourvoit elle-même à la nourriture de ses chevaux, au moyen de l'abonnement. *id.*
Règles d'allocation de l'abonnement. 68
Dispositions particulières pour les forces publiques dans l'intérieur. *id.*
Officiers passant à l'activité dans l'arme, à l'intérieur ou dans les colonies. *id.*
Allocation de l'abonnement aux sous-officiers et gendarmes nouvellement nommés. *id.*
Militaires détachés. 70
Absens et détenus. *id.*
Militaires changeant de compagnies. *id.*
Militaires en congé. *id.*
Retenues aux militaires démontés. *id.*
Chevaux restés dans les brigades après le décès des gendarmes. 72
Fourrages de la Corse. *id.*
Fourrages en nature à la gendarmerie d'élite, et dans le cas de service aux armées à la gendarmerie des légions. *id.*
Fourrages des forces publiques aux armées. *id.*

SECTION III. — DE L'ABONNEMENT D'ENTRETIEN DE L'ARMEMENT.

La gendarmerie a droit à l'abonnement d'entretien des armes. 76

CHAPITRE IV — *De la Masse de Compagnie.*

Portion de solde destinée à l'entretien des hommes et formant la masse de compagnie. *id.*
Fixations des retenues mensuelles pour le complet de la masse de compagnie. 78
Les indemnités de déplacement peuvent être versées dans quelques cas à la masse individuelle des hommes. 80
Retenues extraordinaires en cas de changement de compagnies, des sous-officiers et gendarmes débiteurs aux caisses. *id.*
Retenues sur la solde d'absence. *id.*
Droits de propriété des hommes aux fonds de masse. *id.*
Débiteurs insolvables renvoyés de la gendarmerie. 82

TITRE II. — DES INDEMNITÉS, PRIMES ET GRATIFICATIONS DIVERSES SUR DES FONDS SPÉCIAUX.

Indemnités pour pertes par force majeure. *id.*
Gratifications pour bons services. 84
Capture de déserteurs et de condamnés appartenant aux services de la guerre et de la marine. *id.*
Droit de capture pour arrestations en vertu de mandemens de justice. 86
Déplacemens pour affaires judiciaires. *id.*
Conduites extraordinaires de prévenus ou accusés. *id.*

Primes et partage des saisies en matière de contrebande. 90

TITRE III. — DES PRESTATIONS EN NATURE.

CHAPITRE Ier. — *Des droits aux prestations en général.*

Prestations à titre gratuit. 94
Prestations sauf remboursement. *id.*

SECTION Ire. — DES SUBSISTANCES ET DU CHAUFFAGE.

§ Ier. *Du Pain.*

Fourniture aux détachemens près des ateliers et à la gendarmerie de la Corse. *id.*
Fourniture aux détachemens et forces publiques dans l'intérieur. *id.*

§ II. *Des vivres et liquides.*

Militaires de la gendarmerie en service aux armées. *id.*
Détachemens de gendarmerie servant concurremment avec la ligne dans l'intérieur. *id.*
Distributions de liquides à la gendarmerie d'élite. 96
Liquides distribués aux légions pour causes de salubrité. *id.*

§ III. *Des fourrages.*

Fourrages en nature à la gendarmerie d'élite. *id.*
Service des fourrages pour la gendarmerie de la Corse et les officiers des voltigeurs corses. *id.*
Fourrages en nature à la gendarmerie des légions et de Paris, aux armées. 96
Indemnité en remplacement des fourrages en nature aux militaires appelés aux armées. 98

§ IV. *Du chauffage.*

Chauffage à la gendarmerie employée aux armées et à la gendarmerie d'élite à Paris. *id.*

SECTION II. — *Du Logement, de la Literie et des Effets de Campement.*

§ Ier. *Du logement.*

Logement des officiers des légions et casernement des brigades. *id.*
Casernement de la gendarmerie d'élite dans les résidences royales. 102
Casernement militaire du bataillon de voltigeurs corses. *id.*
Logement militaire de la gendarmerie aux armées, et lors de ses déplacemens de résidence. *id.*

§ II. *De la literie et des effets de campement.*

Ameublement des officiers et des sous-officiers et gendarmes des légions. *id.*
Effets de couchage dus à la gendarmerie d'élite. 104
Lits militaires fournis aux voltigeurs corses. *id.*
Effets de campement et d'équipement aux gendarmes près des ateliers de condamnés. *id.*

SECTION III. — *Gîte et Geolage.*

Tarif de la solde, indemnités et abonnemens. 106 et 107

SECONDE PARTIE.

COMPTABILITÉ DE LA SOLDE ET DE SES ACCESSOIRES.

TITRE Ier — DES RÈGLES A SUIVRE POUR LES PAIEMENS.

CHAPITRE Ier *Des Époques des Paiemens et du Décompte des Allocations.*

Les traitemens de tout grade dans la gendarmerie sont payés par mois. 108
La solde est décomptée à raison de 360 jours par an. *id.*
Indemnité de service extraordinaire; comment décomptées. *id.*
Décompte des autres indemnités et des abonnemens. 110

CHAPITRE II. — *Du Mode de Paiement.*

SECTION Ire. — DES ÉTATS DE PAIEMENT.

Etablissement de ces états. 110
Les états portent mandat de paiement et quittance. 112
Chaque corps ou compagnie n'établit qu'un seul état de paiement. *id.*
Cas particuliers d'inscription des officiers et autres militaires sur les états. *id.*
Paiement de la gendarmerie destinée pour les colonies. *id.*
Paiement des militaires de retour de captivité. *id.*
Délégataires des officiers, sous-officiers et gendarmes. *id.*
Suspension du paiement de la solde. *id.*

SECTION II. — DES PIÈCES A L'APPUI DES ÉTATS DE PAIEMENT.

§ Ier. *Certificats de présence pour la solde et situation mensuelles d'effectif.*

Certificats de présence en service, délivrés par les maires et par les commissaires de la marine, et situations mensuelles de l'effectif. 114
Les certificats de présence doivent rester entre les mains des sous-intendans. id.
Justification de l'effectif pour la gendarmerie d'élite et pour les voltigeurs corses. id.

§ II. *Des pièces justificatives des droits aux indemnités et abonnemens.*

Ordre de service et certificats de découchers. 116
Feuilles itinéraires de revues et de tournées. 118
Certificats de non logement des maires et sous-préfets. id.
La situation d'effectif règle les allocations des abonnemens de fourrages et de remonte des légions. id.
États approuvés par le Ministre pour les premières mises d'habillement et avances de 400 fr. 120
États dressés pour les gratifications d'entrée en campagne, et les indemnités pour pertes de chevaux et d'effets des officiers. id.

SECTION III. — DES LIVRETS DE SOLDE.

La solde est payée sur des livrets collectifs. 122
Toutes les parties d'un corps ou d'une compagnie n'ont qu'un livret. id.
Formalités pour la validité des livrets. id.
Renouvellement des livrets. id.

SECTION IV. — DU PAIEMENT DES ÉTATS DE SOLDE ET DES RAPPORTS.

Paiement des états de solde. 124
Rappels de solde et d'indemnités. id.

CHAPITRE III. — *Des Retenues sur la Solde.*

Retenues pour la dotation des Invalides. id.
Retenues pour avances de petit équipement. id.
Inspection des effets d'habillement des militaires en route. 126
Remboursement des premières mises d'habillement. id.
Réintégration des avances de 400 fr. sur le crédit de la solde. 128
Retenues pour le trésor ou pour les caisses de gendarmerie. id.
Retenues pour secours aux familles des militaires de l'arme. id.
Paiement de dettes privées. id.

TITRE II. — DES RÈGLEMENS DE DÉPENSES.

CHAPITRE Ier — *Des Contrôles annuels et des États de mutations.*

SECTION Ire. — DES CONTRÔLES A TENIR PAR LES CORPS ET COMPAGNIES.

Établissement du contrôle général des hommes. 130
Ordre à suivre pour les inscriptions. 132
Contrôles des forces publiques ou rassemblemens extraordinaires. id.
Militaires détachés; comment portés sur les contrôles. id.
Par qui les contrôles annuels doivent être tenus. id.
Compte intérieur des mouvemens et mutations. 134
Militaires détachés portés pour mémoire sur les contrôles. id.
Radiation des contrôles. id.
Renouvellement des contrôles. id.
Contrôle annuel des chevaux. 136

SECTION II. — DES ÉTATS DE MUTATIONS ET DU DOUBLE DES CONTRÔLES ANNUELS.

Remise des état de mutations aux sous-intendans pour le double des contrôles. id.
États trimestriels des hommes aux hôpitaux militaires ou civils. id.
Visa des pièces des militaires admis dans l'arme, ou éprouvant des mutations. id.
Renseignemens à fournir aux sous-intendans pour l'inscription des hommes. 138

CHAPITRE II. — *Des Revues.*

SECTION Ire. — DES REVUES SUR LE TERRAIN ET DES FEUILLES DE JOURNÉES.

Revue de la gendarmerie d'élite et des voltigeurs corses. id.
La revue sur le terrain n'a pas lieu pour la gendarmerie des légions. id.
Établissement des feuilles de journées pour les hommes et les chevaux. id.
Totalisation des journées de solde et d'indemnités. 140
Inscription des militaires nouvellement nommés ou promus, des hommes des forces supplétives et de ceux admis provisoirement dans les compagnies. id.
Militaires détachés hors de leur département, portés à la suite des feuilles de journées. 142
Mention à faire des militaires dans le cas d'absence ou de décès. id.
Feuilles de journées des rassemblemens et des forces publiques de gendarmerie. id.
Feuilles de journées spéciales pour la gendarmerie des colonies. id.

États à joindre aux feuilles de journées pour les gratifications d'entrée en campagne et indemnités pour pertes des officiers. 144
Par qui les feuilles de journées sont visées et certifiées. id.
Envoi des feuilles de journées aux sous-intendans. id.
Vérification des feuilles de journées par les sous-intendans. id.

SECTION II. — DES REVUES DE LIQUIDATION.

Les revues doivent être établies par trimestre, au titre de chaque corps ou compagnie. id.
Elles sont établies d'après le droit des hommes, et constatent les sommes dues. id.
Militaires détachés ; comment portés sur les revues. 146
Gendarmerie destinée pour les colonies, comprise dans les revues des compagnies maritimes. id.
Mode d'établissement du décompte général en deniers. id.

CHAPITRE III. — *Des Décomptes de Libération.*

Réunion des déclarations de quittance et des bons de fournitures en nature. 148
Formation des décomptes de libération. id.
Imputation des avances de petit équipement. id.
Prestations en nature perçues en trop ou en moins par la gendarmerie. 150
Arrêtés des décomptes de libération. id.
Destination des expéditions des revues. id.
De la consommation des décomptes. 152

CHAPITRE IV. — *De la Vérification des Revues.*

Vérification des revues par les intendans militaires. 152
Pièces qui doivent accompagner les revues pour le ministère. id.
Vérification des revues au ministère de la guerre. 154

CHAPITRE V. — *Dispositions particulières.*

Les intendans arrêtent annuellement les comptabilités des corps et compagnies. id.
Réclamations des militaires sur les déterminations des membres de l'intendance. 156

TABLE DES ÉTATS

DE LA SECONDE PARTIE DU RÈGLEMENT.

Certificats de présence, n° 2. 160
État de paiement, n° 1. 161
Modèle n° 1 G (remplaçant le n° 2 *bis*), précède le n° 2, et est coté. id.
Ordre de service et certificat de découchers n° 3. 163
État des indemnités de service extraordinaire et de découchers, n° 3 *bis*. 164
Feuilles itinéraires, n° 4. 165
Feuille justificative de tournée, n° 4. id.
Certificat de non logement, n° 5. 166
États de frais des revues et de tournées, n° 4 *bis*. 167
État de l'indemnité du logement, n° 5 *bis*. 168
Livret de solde, n° 9. 169
Contrôle annuel des hommes, n° 12. 171
Contrôle annuel des chevaux, n° 12 *bis*. 173
État des mutations et mouvemens, n° 13. 174
Situation du service des fourrages. 175
Feuille de journées, n° 15. 176

FIN DE LA TABLE.

Imprimerie de A. René, rue de Seine, 32.

www.ingramcontent.com/pod-product-compliance
Ingram Content Group UK Ltd.
Pitfield, Milton Keynes, MK11 3LW, UK
UKHW022102260726
13993UKWH00001B/269

9 782329 273884